**DEMOCRACIA NA IGREJA**
UMA REFLEXÃO A PARTIR DE JOSEPH RATZINGER

Igor Cutis Pereira Furtado

# Democracia na Igreja
UMA REFLEXÃO A PARTIR DE JOSEPH RATZINGER

2025

© FONTE EDITORIAL

**Dados Internacionais de Catalogação na Publicação (CIP)**

Furtado, Igor Cutis Pereira
Democracia na Igreja: uma reflexão a partir de Joseph Ratzinger. São Paulo. 2024. Fonte Editorial

1. Democracia 2. Eclesiologia 3. Joseph Ratzinger
I. Título
ISBN 978-65-87-93313-9

CDD 18a edição

Preparação : Eduardo de Proença
Capa: Victória Cristina da Silva Eduardo

**Editores Responsáveis:**
Eduardo de Proença

**Conselho Editorial:**
Profa. Dra. Sandra Duarte de Souza
*Universidade Metodista de S.Paulo (UMESP)*
Prof. Dr. Luiz Alexandre Solano Rossi
*PUC-PR*
Profa. Dra. Elaine Sartorelli
*Universidade de São Paulo - USP*
Prof. Dr. Frederico Pieper
*Universidade Federal de Juiz de Fora*
Prof. Dr. Andrés Torres Queiruga
*Universidade de Santiago de Compostela*
Prof. Dr. Helmut Renders
*Universidade Metodista de S.Paulo (UMESP)*
Prof. Dr. Ricardo Quadros Gouvêa
*Universidade Presbiteriana Mackenzie*
Prof. Dr. Ronaldo de Paula Cavalcante
*Faculdade Unida*

Proibida a reprodução total ou parcial desta obra, de qualquer forma ou meio eletrônico e mecânico, inclusive por meio de processos xerográficos, sem permissão expressa da editora. (Lei nº 9.610 de 19.2.1998)

Todos os direitos desta edição reservados à
PIONEIRA EDITORIAL LTDA.
Publisher: José Carlos de Souza Júnior
Operações: Andréa Modanez
Pioneira editorial ltda.
Estrada do Capuava, 1325 Box M
CEP: 06713-630 - Cotia – SP – Brasil

AGRADECIMENTOS
A Deus, em primeiro lugar, minha gratidão, pela bondade dispensada a mim todos os dias!

A minha esposa, Clarissa Reis, pelo apoio, cuidado, incentivo e amor em todas as circunstâncias, principalmente por sua dedicação comigo nesse período de trabalho para escrita deste livro.

Aos meus pais, Júlio César e Viviane Cutis, pelo apoio incondicional, dedicação e incentivo ao longo de todos os anos da minha caminhada. A minha irmã Isadora Cutis pelo carinho e amor dispensado.

Agradeço também a você que decidiu embarcar nessa leitura comigo! Você faz parte desse projeto!

Gostaria de terminar esse agradecimento lembrando as palavras de J.Ratzinger quando ele diz, "O sacerdote deve ser um homem que conhece a Jesus a partir de dentro, que se encontrou com ele e aprendeu a amá-lo". Por isso toda gratidão a pessoa de Jesus Cristo!

"a Ele seja a glória na Igreja e em Cristo Jesus, por todas as gerações, por toda a eternidade. Amém" Efésios 3:21

## Sumário

Prefácio..................................................................9

Introdução............................................................13

**Capítulo 1**
Democracia: um percurso histórico sistemático da Grécia aos dias atuais.............................................17

**Capítulo 2**
Exposição dos Textos de J. Ratzinger: Quem é Joseph Ratiznger? Quais os principais textos e uma síntese do seu pensamento............................................45

**Capítulo 3**
O princípio democrático na avaliação; análise das ideias e noções..................................................87

Conclusão...........................................................119

Referências.........................................................123

# Prefácio

Igor Cutis Pereira Furtado, Pastor Batista, em sua dissertação de mestrado, deu-se ao exame de um dos elementos característicos da Igreja a que serve: o princípio democrático. Qual o alcance e o significado do termo democracia quando aplicado a uma comunidade cristã?

Em se tratando de uma dissertação de mestrado, evidentemente o que se pode esperar é uma tratação preliminar do tema, que o situe histórica e criticamente. Colocar em perspectiva histórica um tema, permite perceber as várias nuances que sua compreensão recebe no decorrer dos tempos. Permite também perceber a contribuição que cada época dá e quais aspectos são desenvolvidos e quais correm o risco de ficar obscurecidos ou, até mesmo esquecidos. A perspectiva filosófica, crítica por natureza, permite aceder à reflexão sobre os fundamentos, o alcance e os limites do tema.

Esses dois aspectos da análise, no trabalho que agora é partilhado com um público maior, estão presentes e deles referências são indicadas para o leitor que deseja, por conta própria, dar-se também a esse trabalho analítico.

Tudo isso, sem dúvida importante, não consiste ainda na intenção central do jovem teólogo. A compreensão da forma de governo adequada a uma comunidade cristã é seu interesse, como também a repercussão disso sobre as modalidades de relação entre a comunidade e a sociedade em que seus membros vivem e atuam.

Essa reflexão ele a faz contando com a companhia de um dos maiores teólogos da segunda metade do Século XX e das duas primeiras décadas do Século XXI: Joseph Ratzinger. Igor Cutis examina com atenção os principais textos desse autor, expondo suas ideias mestras e suas conclusões. Essa parte de seu trabalho, por si só já justifica a presente publicação. Selecionar os textos pertinentes ao argumento, examinar sua estrutura, extrair suas teses fundamentais e resenhar suas conclusões é, um serviço de grande utilidade aos leitores interessados na questão.

Mas o pesquisador não se limita a isso. Examina as análises de abalizados estudiosos do tema e do autor escolhido. Com isso, está em condições de examinar com maior alcance a temática geral em que se insere a questão: a relação entre fé e política e as posições claras e bem fundamentadas de J. Ratzinger a respeito.

A justa relação entre autonomia das duas esferas e a relação inevitável entre ambas é tratada a partir do exame do perigo do falso messianismo. Uma Igreja que assimile acriticamente princípios que possam ser válidos para a regência de uma sociedade mas que se coadunem mal com a natureza da comunidade de fé estaria se expondo a falhar no que lhe é essencial. O sentido inverso da relação exporia a risco semelhante, pois também não é à Igreja, enquanto tal, que cabe determinar o governo da sociedade.

Por fim, vale esclarecer que Igor Cutis não examina nesta obra o princípio democrático no sentido que lhe confere a Igreja Batista. Atém-se ao exame preliminar da democracia e de sua relação com a fé e a governança eclesial a partir do pensamento de um autor católico. Espera-se que a continuidade de suas investigações e de sua reflexão, que aqui se demonstrou promissora, possa brindar-nos com contribuições para a compreensão da eclesiologia característica dessa confissão cristã presente de modo significativo no cenário religioso brasileiro.

## ANTONIO LUIS CATELAN FERREIRA

Possui Bacharelado em Teologia pela Pontifícia Faculdade de Teologia Nossa Senhora da Assunção (1994), Licenciatura em Filosofia - Universiade Estadual do Oeste do Paraná - Campus Toledo (1993), mestrado em Teologia Sistemática pela Faculdade de Teologia de Nossa Senhora Assunção (2002) e doutorado em Teologia Dogmática pela Pontifícia Universidade Gregoriana de Roma (2011). Atualmente é membro da Comissão Teológica Intenacional; do grupo de peritos da Comissão para a Doutrina da fé da Conferência Nacional dos Bispos do Brasil, do grupo de peritos do CELAM. É secretário da Sociedade Brasileira de Teologia Sistemática e da Sociedade Ratzinger Brasil. Tem experiência na área de Teologia, com ênfase em Teologia Sistemática, atuando principalmente nos seguintes temas: eclesiologia, eucaristia, magistério, concílio vaticano ii e teologia sacramentária.

*Àquele que é capaz de fazer infinitamente mais do que tudo o que pedimos ou pensamos, de acordo com o seu poder que atua em nós*

*Efésios 3:20.*

# Introdução

É notório que os escritos, discursos e sua atuação enquanto Papa e Teólogo, fez de Joseph Ratzinger uma figura extremamente importante para a história da teologia e da Igreja Católica no mundo moderno. Uma história de vida marcante, desafiadora e inspiradora fez de Joseph Ratzinger uma figura de caráter único e motivo de análises, estudos e biografias escritas no mundo todo.

Seewald relembra que Ratzinger, era um menino de povoado bávaro, se tornou o líder da maior e até mesmo mais antiga da Igreja no mundo. Após 500 anos, um Papa alemão assume a cátedra de Pedro, trazendo consigo uma série de questões novas para a realidade da Igreja[1]. Uma figura única, viva e até mesmo de difícil entendimento para muitos marcam a vida de Joseph Ratzinger.

Assim como em qualquer análise ou exposição existe e existirá em qualquer tempo e em qualquer pensador, ideias e pontos de divergência com seus posicionamentos. Mas, olhar para o homem, o Teólogo-Papa e talvez para o teólogo mais importante que já assumiu a função Papal, faz-se necessário e relevante olhar para estudiosos que professam uma doutrina diferente como é o caso do autor da presente pesquisa.[2]

Sarto ao apontar o avanço de um debate cultural alemão e a presença e até mesmo do renascimento da teologia cristã em língua alemã no século XIX, não só os protestantes colocaram as discussões no centro da vida comum. Até mesmo no meio católico, uma teologia séria poderia ser oferecida para responder ao que o autor chama de protestantismo e agnosticismo[3]. Sendo assim, o modo de fazer teologia, fica completamente afetado devido a presença da teologia nas universidades, estudos esses que eram de uma leitura protestante e católica.

A teologia então ganha espaço e contornos cada vez mais claros segundo Sarto. Seções teológicas em livrarias são abertas para consulta e compra dos consumidores leigos. A presença de professores agora, já não mais reside na única possibilidade dos sacerdotes e freiras ministrando aulas, mas como também os leigos. O teólogo então, "se torna figura pública".

Mesmo com as duas grandes guerras e com o passar do tempo, a situação parece não ter mudado. Existe espaço para uma teologia pública. Discussões de assuntos concernentes a vida civil e que em um momento da história não pareciam necessitar da presença teológica, parece não existir mais essa possibilidade. Sinner ainda relembra que, a religião ao contrário do que foi prognosticado as teorias que dizem respeito a secularização e modernização de Max Weber e até Peter Berger, não saiu de cena. Embora exista uma separação entre Igreja e Estado nas democracias liberais, a possibilidade de liberdade religiosa e debate público fazem parte dos direitos fundamentais[5].

Sendo assim, a pesquisa se adentra também no campo civil e público nas discussões de temas relacionados a democracia, Estado democrático de Direito e os valores fundamentais na defesa dos direitos humanos. Se a análise da pessoa e obra de Joseph Ratzinger traz consigo grandes desafios de entendimento e compreensão devido aos diferentes momentos da sua vida e contextos dentro da Igreja Católica, o tema da Democracia carrega consigo oportunidades e algumas dificuldades de compreensão que dizem respeito ao tema ao longo da história e até mesmo da definição do termo. Bobbio ressalta que o modo de enxergar ou chegar à uma conclusão dessa definição que se trata sobre a democracia é entendê-la como, "uma contraproposta a todas as formas de governo autocrático, é de considerá-la caracterizada por um conjunto de regras que estabelecem quem está autorizado a tomar decisões coletivas e com quais procedimentos". [6]

As dúvidas relacionadas a temas da democracia como seu funcionamento, definições em seus termos e modelos são temas que serão abordados na presente pesquisa. No entanto, não será apenas essa a tônica do presente trabalho. Nader afirma que, "A democracia e a equidade são valores essenciais, ponto de partida à autonomia privada e pública. A teoria do Direito e da democracia nascem daqueles valores fundamentais fundantes".[7]

Os valores fundamentais que fazem parte da democracia, fazem parte da análise deste trabalho. Temas como função, definição, forma de governo, participação, liberdade, representatividade de minorias e maiorias serão trabalhadas na pesquisa na tentativa de iluminar e embasar a discussão que envolve a democracia na Igreja.

Quando se pensa no governo da Igreja e a presente pesquisa trata desse tema, é preciso relembrar a fala de Ratzinger quando ele argumenta que Jesus propriamente, quase não falou sobre a Igreja. Ele se referiu mais vezes ao *"Reino"*. Sua mensagem não era um chamado claro ou anúncio imediato sobre a Igreja. Ratzinger relembra que o uso da expressão "Reino de Deus" foi usada mais de 90 vezes no Novo Testamento.[8] Ao falar sobre a criação e o uso da expressão *"Ekklesia"* nosso autor expõe algumas interpretações sobre o que é de fato essa Igreja, uma ideia clara na visão do Apóstolo Paulo que a Igreja é "Corpo de Cristo" e é na Eucaristia que é, " o lugar que surge permanentemente a Igreja, o lugar em que Ele a funda sempre de novo"[9]. E numa visão sobre a Igreja no livro de Atos dos Apóstolos, Ratzinger relata um entendimento essencial para a nossa compreensão da pesquisa mesmo diante dos temas e do campo civil a respeito da democracia ou do governo da Igreja.

A compreensão que para Ratzinger "palavra e sacramento aparecem como duas colunas mestras sobre as quais se apoia o edifício da Igreja", é essencial para um entendimento mais cristalino das suas obras. Ao olhar para Lucas também principalmente para a cena de pentecostes, Joseph Ratzinger faz uma afirmação categórica que nos ajuda a entender a presente pesquisa quando diz que: "A Igreja não nasce de uma decisão própria, não é produto da vontade humana, mas criatura do Espírito divino"[10]. Esse entendimento permeia toda a pesquisa e o pensamento de como olhar para a Igreja e como ver as possibilidades da democracia na mesma. É na centralidade de Cristo, na renovação da Eucaristia e guia pelo Espírito Santo que a Igreja caminha.

## Notas

[1] SEEWALD. P. Bento XVI: a vida. P. 18
[2] SEEWALD. P. Bento XVI: a vida. P. 18
[3] SARTO. P. O Papa Alemão. Vol. 1. P. 45
[4] SARTO, P. O Papa Alemão. Vol. 1. P. 46
[5] SINNER, R. Teologia Pública: Novas abordagens numa perspectiva global. < file:///C:/Users/IgorC/Downloads/21825-Texto%20do%20artigo-86206-1-10-20111125.pdf > Acessado em: 02/05/2023. P.327
[6] BOBBIO, N. O Futuro da democracia. P. 17
[7] NADER, P. Filosofia do Direito. P. 255
[8] RATZINGER, J. Compreender a Igreja hoje: vocação para a comunhão. P. 13
[9] RATZINGER, J. Compreender a Igreja hoje: vocação para a comunhão. P. 22
[10] RATZINGER, J. Compreender a Igreja hoje: vocação para a comunhão. P. 27

# Capítulo 1
# Democracia:
## um percurso histórico sistemático da Grécia aos dias atuais

Uma introdução sobre o tema democracia é necessário para uma melhor análise do tema e faça com que o olhar para sua tradição histórica possa guiar a presente pesquisa com mais clareza. Por isso será necessário, mesmo que de forma introdutória, usar algumas obras e autores para traçar alguns caminhos, a fim de elucidar algumas questões sobre o tema.

O que o capítulo pretende apresentar é um resumo sobre as teorias da tradição, algumas definições do significado do verbete sobre a democracia. Como a democracia e a ideologia dialogam. Um breve levantamento do termo da democracia e seu funcionamento de Atenas como uma organização e não somente uma forma de governo e seu apelo popular após as grandes guerras. Seu funcionamento, a divisão dos três poderes e suas funcionalidades também será apresentada a fim de identificar de maneira mais objetiva o que de fato as definições e os conceitos de participação popular e livre expressão de pensamento representam em um ambiente democrático e o quanto nos ajudam a entender o conceito ou verbete em si.

Já pensando numa parte introdutória sobre o que significa e como funciona a teoria da democracia e suas tradições históricas, Bobbio ressalta que na teoria contemporânea sobre o tema da democracia existem algumas tradições de pensamento a respeito do tema, onde três delas se destacam[1]. A primeira delas é a respeito da tradição que ele chama de "tradição *clássica*". A tradição *clássica*, é a tradição aristotélica onde existem três formas de governo que segundo ele a democracia se distingue da forma monárquica e da aristocracia, a monárquica é o governo de um só e a aristocracia se torna governo de pouco, em comparação com a democracia que se torna o "governo do povo", onde todos os cidadãos "gozam do direito de cidadania".²

A segunda teoria Bobbio ressalta é a *teoria medieval* com base na origem romana onde:

> "apoiada na soberania popular, na base da qual há a contraposição de uma concepção ascendente a uma concepção descendente de soberania conforme o poder supremo deriva do povo e se torna representativo ou deriva do príncipe e se transmite por delegação do superior para o inferior"³.

A terceira teoria é chamada de *"Teoria moderna"*. A teoria que ficou conhecida por Maquiavel e teve seu início no Estado moderno atribuindo-se as formas das monarquias onde a forma de governo era a monarquia em si e a república. A Antiga democracia, que segundo Bobbio, "nada mais é que uma forma de república (a outra é aristocracia), onde o intercâmbio característico do período pré-revolucionário entre ideias democráticos e ideias republicanos e o governo genuinamente popular é chamado de Democracia"⁴.

Pensando através desses conceitos e a partir dessa construção que o autor faz da Democracia a partir das três teorias, nosso autor em questão volta aos tempos mais antigos na tentativa de elucidar o conceito partindo agora da tradição Aristotélica e suas três formas de governo. Esse movimento é necessário para construir uma discussão sobre a Democracia e seu nascimento.

Bobbio começa sua construção de pensamento a partir da narração de Heródoto (II, 80-83), onde Otane, Magabizo e Dario discutiam sobre a forma de governo para o futuro da Pérsia. Cada um dos três apoiava-se em uma forma de governo, gerando assim um conflito que precisava ser consertado. Enquanto Megabizo defendia a aristocracia, Dario a monarquia, Otane se levanta em defesa de um governo popular que segundo nosso autor era chamado pela palavra grego de *Isonomia* ou igualdade das leis.[5]

A ideia, era de que a Monarquia, por exemplo, não poderia ser a melhor forma de governo pois não havia prestação de contas a ninguém do povo. Mas, da mesma forma, o argumento contra a democracia é que o governo não seria completamente eficaz, pois na democracia, "não há coisa... mais estulta e mais insolente que uma multidão incapaz"[6]. As discussões sobre a prestação de conta ou o preparo das pessoas na efetividade de tomada de decisão faziam com que o assunto pudesse ser discutido.

Platão quando escreve a *República* fala a respeito de cinco formas de Governos que são elas: aristocracia, timocracia, oligarquia, democracia e tirania. Para ele só a aristocracia parece ser boa. Ele fala ainda que a democracia:

> "Nasce quando os pobres, após haverem conquistado a vitória, matam alguns adversários, mandam outros para o exílio e dividem com os remanescentes, em condições paritárias, o Governo e os cargos públicos, sendo estes determinados, na maioria das vezes, pelo sorteio"[7].

Platão ainda argumenta que ela é caracterizada pela "licença" e na obra *Político* diz que é uma "tradicional tripartição das formas puras e das formas degeneradas e a democracia é aí definida como o governo do número ou governo de muitos/multidão"[8]. A distinção de uma forma de governo que seja boa ou má se torna então nesse livro considerado de fato uma forma "menos boa" e, ao mesmo tempo como uma característica até dicotômica, sendo também a "menos má" das formas de Governo. [9]

O entendimento do autor em questão é que a forma tem seus benefícios, mas apresenta sendo fraca e de fato não traz 'nem muito benefício e nem muito dano", na expectativa de comparação com as outras formas de governo. Ela se destaca numa relação contra a lei se tornando a melhor, mas ainda em questões legais ela é apresentada como a pior. Na tradição aristotélica de governo entende-se que a democracia é: "na democracia que há mais vantagem para viver; por outro lado, se todos forem bem-organizadas, é nela que há menor vantagem para viver"[10].

Segundo a tripartição clássica, nosso autor relembra que existem duas matrizes de governo. A monarquia que parece ser um protótipo do Estado persa e a democracia que se deriva da cidade de Atenas. As duas de fato são opostas, onde uma parece ter sobre si um excesso de autoridade e a democracia um "excesso de liberdade".[11]

Existem nessa tipologia aristotélica uma ideia dessa distinção de três formas de governos que são puras ou corruptas, isso se dá conforme quem a governa ou do seu interesse. O "governo da maioria ou da multidão", é chamado então de *politia*, enquanto o nome "democracia" é conhecido como a sua forma corrupta. Aristóteles pensa na democracia como, "governo de vantagem sobre o pobre e contraposta ao governo de vantagem para o monarca(tirano) e aos governos de vantagem para os ricos (oligarquia)"[12]. A democracia, segundo o entendimento de Aristóteles parece se distinguir em cinco formas. E são elas:

> "1. Ricos e pobres participam do governo em condições partidárias. A maioria popular é unicamente porque a classe popular é mais numerosa. 2. Os cargos públicos são distribuídos com base num censo muito baixo. 3. São admitidos em cargos públicos todos os cidadãos, entre os quais os que foram privados de direito civis após o processo judicial. 4. São admitidos aos cargos públicos todos os cidadãos sem exceção. 5. Quaisquer que sejam os direitos políticos, soberana é a massa e não a lei.[13]"

Essa tradição aristotélica de governo e sua tripartição esteve em todo o pensamento ocidental até Hegel e acabou se tornando tema comum da discussão para outros pensadores como Marsílio de Pádua, Locke, Bodin, Hobbes, Rousseau, Kant, Hegel e São Tomás de Aquino.

Bobbio levanta a discussão a respeito da democracia e o liberalismo, a democracia e o socialismo e a democracia e o elitismo. E então ele argumenta que o modo como algumas dessas doutrinas é possível e até compatível vermos algumas dessas doutrinas aliadas a democracia. A democracia para ele parece ser compatível com doutrinas de cunha ideológico diverso, embora em alguns parece que exista na teoria um pensamento inicial antidemocrático[14]. Bobbio, em seu texto "liberalismo e Democracia", ainda argumenta que o liberalismo é de certo modo moderno. Enquanto a democracia é uma forma de governo antiga". [15]

Sobre o diálogo entre a democracia e as ideologias, Gasparro, argumenta que tanto a "democracia e ideologia, andam de mãos dadas.[16]

A democracia está atrelada a diversidade ideológica e na forma de governo de uma democracia de representação, isso se encontra com as ações representadas pelo público e opinião pública. Através da representação, "os cidadãos escolheram as pessoas que levarão suas demandas para outro nível, onde suas preferências serão discutidas e podem ser tornadas agendas governamental".[17] A Democracia representativa ou a representação legítima das pessoas se dá pelo direito de escolha, também comprometida com uma base ideológica, e não somente para resolver questões da sociedade em si.

Baseado na Constituição Federal de 1988, o Brasil permitiu a criação de partidos políticos para que os mesmos através de seus programas de governo também tracem limites para uma base ideológica partidária, desde que não atrapalhe o bom andamento do ambiente democrático. Como Argumenta Gasparro, "os direitos só são possíveis porque há democracia e está só é possível porque há partidos políticos que defendem ideologias. Tudo se conecta".[18]

Bobbio ainda ressalta que a definição de Democracia na teoria política contemporânea, principalmente em países de tradição liberal, são "procedimentos universais"[19]. Ele as lista como:

> "1) o órgão político máximo, a quem é assinalada a função legislativa, deve ser composto de membros direta ou indiretamente eleitos pelo povo, em eleições de primeiro ou de segundo grau; 2) junto do supremo órgão legislativo deverá haver outras instituições com dirigentes eleitos, como os órgãos da administração local ou o chefe de Estado (tal como acontece nas repúblicas); 3) todos os cidadãos que tenham atingido a maioridade, sem distinção de raça, de religião, de censo e possivelmente de sexo, devem ser eleitores; 4) todos os eleitores devem ter voto igual; 5) todos os eleitores devem ser livres em votar segundo a própria opinião formada o mais livremente possível, isto é, numa disputa livre de partidos políticos que lutam pela formação de uma representação nacional; 6) devem ser livres também no sentido em que devem ser postos em condição de ter reais alternativas (o que exclui como democrática qualquer eleição de lista única ou bloqueada); 7) tanto para as eleições dos representantes como para as decisões do órgão político supremo vale o princípio da maioria numérica, se bem que podem ser estabelecidas várias formas de maioria segundo critérios de oportunidade não definidos de uma vez para sempre; 8) nenhuma decisão tomada por maioria deve limitar os direitos da minoria, de um modo especial o direito de tornar-se maioria, em paridade de condições; 9) o órgão do Governo deve gozar de confiança do Parlamento ou do chefe do poder executivo, por sua vez, eleito pelo povo"[20].

Essa lista de regras apresentadas por ele não significa que somente o regime que colocar em prática ou conseguir cumpri-las todas essas regras de fato um regime democrático. Entre o conteúdo e o modo como elas são aplicadas existem uma diferença grande, ressalta Bobbio. Vale lembrar que ao longo da história nos parece que nenhum regime conseguiu observar e cumprir todas as regras expostas. E é por isso que se pode dizer que por vezes encontramos regimes mais ou menos democráticos, conforme alerta nosso autor.[21]

Bobbio em sua obra "O futuro da democracia" fala sobre seu nascimento e argumenta que a democracia em si nasce com a "concepção individualista da sociedade" onde seja na idade antiga e na idade média a sociedade, principalmente a política é resultado de uma vontade artificial dos indivíduos dela. [22] Bobbio reconhece em outro texto que a democracia como forma de governo é caracterizada como "o governo de muitos", embora a composição da palavra e da expressão o sentido geral do termo não se alterou de forma significativa[23].

Davi Lago na sua obra chamada "Brasil polifônico" tem um capítulo dedicado ao tema da Democracia. Sobre a ideia e a função de soberania marcada na democracia, ele argumenta que, "na democracia, a função soberana não cabe a alguém ou a alguns, mas à lei; e a desobediência à legislação vigente é a anarquia".[24]

Lago faz alguns apontamentos interessantes no que se diz respeito ao início da história da democracia, e lembra que a "democracia em si é apenas uma palavra". São os contextos e contornos históricos que dão valor e sentido de fato ao governo e ao regime. Se com o passar dos anos, o entendimento sobre a política, as questões sociais e filosóficas estão ganhando contornos mais claros com o acesso à informação, o entendimento que o ser humano tem se colocado numa "guerra política" pela disputa política de poder, o autor em questão nos relembra que parece ser a democracia um caminho mais seguro e válido para a edificação de garantias de liberdades individuais ao entorno do mundo. É por isso que voltar ao início e entender o nascimento da "democracia" é importante.

Coutinho faz um apontamento interessante sobre a idade da democracia que contribui para a pesquisa quando destaca que:

> "Costuma-se dizer que a democracia tem uma história de mais de dois mil e quinhentos anos. É verdade. E é mentira. De fato, partindo dos registros mais antigos das Cidades-Estado gregas, realmente é possível datar a democracia como tendo mais de dois milênios de história; mas a afirmativa pode levar à impressão de que a democracia teve uma existência e um desenvolvimento contínuos durante todo esse tempo. Tal impressão não poderia estar mais longe da verdade. Durante todo esse tempo que se passou desde a sua origem, o governo democrático teve uma existência intermitente, na qual uma eventual linha do tempo certamente assinalaria muito mais espaços em branco do que episódios dignos de registros históricos"[25].

Ele ainda destaca que dentre as mais variadas referências sobre a democracia na antiguidade, a mais antiga é "uma inscrição na pedra confeccionada entre 650-600 antes de Cristo de uma pequena cidade de Creta, chamada Dreros"[26]. Coutinho ainda faz um apontamento para a ideia de que as formas de governo eram tratadas ou julgadas através daquelas que mais fossem eficientes e a democracia estava em desvantagem em relação as outras formas de governo[27].

Com esse objetivo, a reflexão sobre o entendimento do que é a democracia em si, o conceito linguístico e a história por detrás do a retomada da ideia de democracia na Antiga Atenas e sua atividade política na "ágora" é uma questão a ser destacada. A sociedade ateniense que se reunia na "ágora" e sua organização familiar "génos" onde os proprietários de fundiários guerreiros e, faz parte também toda sua casa como pai, mãe, escravos e filhos, (oíkos), e os grupos religiosos (phrátria), eram segundo Lago "uma unidade política". [28]

Lago então destaca que o poder, no entanto, era exercido por cada pai de família ou patriarca *"déspotes"*, e essa vontade do patriarca era uma condição absoluta e tratada como lei. Na medida que em os patriarcas se reuniam se formavam as "oligarquias", e quando um *déspotes*, se levantava contra um outro ou em alguma decisão, era chamado de "tyrannikós"[29]. Lago, faz esse apontamento e nos lembra ao ler os termos de expressões como "tirania", "déspota" que são expressões portuguesas hoje que apontam para autoridade absoluta ou arbitrária, rigidez, dureza e soberania que foram incorporadas a nossa língua.

Lago lembra da reformulação política que acontece em Atenas por volta de 510 a.C. Essa reorganização começa com a queda da tirania de "pisístrato", Clístenes, onde se decide fazer uma mudança que se cria duas significativas "instituições políticas de Atenas: *a Boulé e a Ekklesia*.

A *Boulé*, "era o conselho, que debatia as questões cotidianas da cidade e seus cidadãos". Já a *Ekklesia*, era assembleia aberta a todos os homens maiores de dezoitos anos focado em votações sobre questões de paz e guerra"[30].

Uma questão interessante nessa nova organização política e social é a retirada de forma até simbólica da transferência de poder do que antes era o *Areópago* para a Ekklésia. Essa transferência não é somente uma questão de organizacional das instituições daquele tempo. É um aceno também na forma de viver do povo, onde *Ares* que era considerado o deus da guerra, marcado por sangue, guerra e morte para uma ser transformada na invenção da democracia onde não mais a guerra e morte entre "tiranos e déspotas", são a única maneira de chegar as resoluções dos problemas. Mas, agora é possível se debater de forma racional as questões essenciais da vida em sociedade em "cooperação fraterna".[31]

Esse processo passa ser agora um processo público. Bobbio declara que:

> "isto é, da reunião de todos os cidadãos num lugar público com o objetivo de apresentar e ouvir propostas, denunciar abusos ou

pronunciar acusações, e de decidir, erguendo as mãos ou com cacos de terracota, após terem apreciado os argumentos pró e contra apresentados pelos oradores".[32]

Sendo assim, fica claro para o tema da democracia e as organizações políticas que o sistema "democrático de Atenas é um marco da nossa civilização".[33] Azambuja por sua vez, levanta uma questão importante na discussão do nascimento da democracia que vale a pena ser ressaltada. Ele argumenta, por exemplo que, "nenhum termo do vocabulário político é mais controverso que democracia".[34] O termo parece ser usado a primeira vez por Herótodo a mais de 2500 anos e o seu significado é variado em ambientes históricos diferentes e contextos com autores e obras variadas. A discussão sobre o termo já começa na sua etimologia e no seu uso na tentativa de justificar o que é ou não uma democracia baseada em determinados regimes. Nessa tentativa de definição percebe-se que muitos tentam descrever como

Na história, o pensamento político de Platão e Aristóteles e até mesmo até os dias atuais, a "democracia não era considerada apenas uma forma de governo"[35].

A *politeia* dos gregos era uma representação da boa forma de organização da cidade que vai além de uma maneira de estruturar o poder ou uma forma de vida em si, transpassa a sociedade e chega também no homem na sociedade. Russeau faz um apontamento interessante sobre a democracia quando diz que: "Se houvesse um povo de deuses, governar-se-ia democraticamente. Um governo tão perfeito não é próprio dos homens".[36]

A democracia no século XIX se torna uma espécie de "deusa demótica". Uma fonte inesgotável de esperança onde a soberania popular é exaltada na crença de dias melhores. Mas, enquanto isso acontecia, Azambuja nos lembra que as "heresias madrugaram". A Rússia com sua ideologia comunista, Mussolini que "se gabava" por ter acabado com a democracia e até mesmo Hitler na tentativa de inaugurar uma era de mil anos acreditaram ser possível acabar com ela. O desafio do entre grandes guerras e durante a Guerra Fria fez com que de novo o povo voltasse seu olhar para o regime democrático com uma certa "ternura". [37]

Mesmo com o entendimento que a democracia tem suas dificuldades, carências e até mesmo imperfeições nas quais já foram verificadas, Azambuja fala sobre a democracia positivamente quando diz que ela é, "um sistema de técnicas políticas e de valores que pode dar, se não a solução, o processo adequado para a solução pacífica e racional dos problemas sociais, o ambiente ótimo para o desenvolvimento da pessoa humana e as condições indispensáveis às relações fraternais entre os povos". [38] Essas definições parecem poder ser confirmadas quando olhamos para o ambiente atual e percebemos que nenhum escritor que tenha alguma relevância para o meio científico e acadêmico recuse por completo democracia.

A democracia em mais uma definição parece ser:

> "Com todas as suas imperfeições é até agora, a mais benévola e humana forma produzida pela civilização ocidental, que tende a aumentar a dignidade e as faculdades criadoras de cada indivíduo. Suas imperfeições intrínsecas fazem dela a amis difícil, a mais ousada e mais promissora forma de organização de sociedade humana."[39]

O pensamento que a democracia é um regime simples onde apenas uma análise ou uma definição rasa sobre o assunto é capaz de discernir e até mesmo dissecar o entendimento da vida e sociedade democrática é falso. Se na segunda metade do século XX, tanto o povo, partidos, ideologias e doutrinas queriam a democracia e essa noção se fez presente no Ocidente e no Oriente, Azambuja chega a dizer que essa é uma "unanimidade perturbadora". Afinal, o conceito é complexo. Preciso ser vista e analisada sem má-fé ou ignorância. É necessário que se olhe entendendo sua complexidade, sua densidade e até mesmo sua forma flexível que se dá em alguns lugares no espaço e no tempo[40].

Como foi dito, o fato dela não ter sido realizada plenamente em algum momento ou lugar da história, fazem com que essas observações sejam aproximadas e as concepções pessoais o que é, como deve ser ou pode ser acabam também sendo afetadas. [41]

J. Schumpeter faz uma análise interessante sobre o termo e suas derivações quando diz que, "a democracia não significa e não pode significar, que o povo governe efetivamente em nenhum dos sentidos evidentes, com os termos povo e governar".[42] Ele parece definir bem quando escreve que a democracia não é em si a governança do povo, mas "é na democracia que o povo é capaz de aceitar ou recusar os homens chamados a governar". [43]

O entendimento das *massas*, é algo que também chama atenção do nosso autor. Azambuja reitera que as massas têm papel fundamental na democracia, e na participação política e de tomada de decisões no processo democrático. O Escritor nos aponta uma citação de Field quando diz, "um Estado é democrático se é enquanto a grande massa da população pode exercer influência positiva nas decisões que constituem o trabalho do governo". Também nessa linha de pensamento, Catlin sugere que, "a democracia significa não somente o apoio da maioria, mas também a responsabilidade formal do governo perante o eleitorado, de forma a assegurar o "poder do povo" e na realidade o controle constitucional efetivo por este. [44]

Se existe no entendimento de alguns autores que o papel das massas é crucial para o regime democrático ou forma de civilizatória, outros nos lembram dos perigos de esse ser um pilar que possa acabar atrapalhando esse entendimento.

Gustavo Le Bom faz o alerta que uma democracia governada pelo governo-vontade das massas se tornaria uma *"massocracia"*, o que seria uma corrupção da democracia e um problema já alertado por Aristóteles há quase 2.230 anos. Azambuja recorre a Morris Ginseberg para tratar do assunto e menciona que:

> "A incapacidade do sistema representativo, devido à ignorância a avidez das massas e à existência de agências para a deformação da opinião. As grandes massas não podem ser efetivamente consultadas, nem mesmo quando se trata de questões simples; e com a crescente complexidade dos assuntos e a necessidade das decisões rápidas elas se tornam pouco flexíveis e ineficientes."[45]

A democracia nos diz, que o indivíduo pode expressar sua convicção, seu desejo, vontade e devido ao que chamamos de homem moderno não ter de certa forma verdades, mas apenas preferências e até mesmo conseguir facilmente mudar de desejo e vontade também por conta das manipulações o *homem-massa*, como fala Fromn está sempre disponível para "fingir ser qualquer coisa".

Com os desafios presentes no âmbito sociológico e até mesmo filosófico de nosso tempo, Azambuja, nos alerta que a ciência moderna redescobriu as teorias esquecidas a fim de interpretar as formas de governo. As teorias clássicas que "contrapõem-se outras aparentemente novas, e maiores dúvidas vêm estorvar uma síntese futura".[46]

A fim de analisarmos além das definições mais básicas sobre o que significa a democracia, iremos fazer uma breve análise dela. Azambuja tenta fazê-la e elucida algumas questões válidas para presente exame. A frase de Lincoln sobre a definição da democracia que diz, "O governo do povo pelo povo e para o povo". Nos ajuda neste momento para uma análise não só do da definição da democracia, mas também do seu funcionamento.[47]

A frase de Lincoln anteriormente se torna um auxílio para a reflexão do seu funcionamento. Partindo da premissa que esse funcionamento é designado por um conjunto de órgãos que acabam exercendo o poder político nos poderes legislativo, executivo e judiciário. O poder executivo é, o que a linguagem popular se chama de Governo. E esse "governo" não tem uma característica apenas impositiva, mas parte também do princípio indicativo, preventivo, sugestivo e até mesmo educativo. [48] E esse governo do "povo" está dividido em três modalidades, como exemplifica Azambuja quando diz que: "Parte do povo governar todo o tempo" é a democracia representativa. "Todo o povo governar algum tempo" é a democracia semidireta; "todo o povo não pode governar todo o tempo" é a impossibilidade da democracia direta". [49]

Hans Kelsen, definindo o que é democracia atribui a mesma também a liberdade política. Segundo Kelsen, a democracia então parece ser uma participação coletiva dos indivíduos numa sociedade na ordem jurídica:

> "politicamente livre é quem está sujeito a uma ordem jurídica de cuja criação participa. Um indivíduo é livre se o que ele deve fazer segundo a ordem social coincide com o que ele quer fazer. Democracia significa que a vontade representada na ordem jurídica do Estado é idêntica à vontade dos sujeitos"[50].

Nader afirma em sua Obra, *Filosofia do Direito, 25ª edição*, que "Um dos pilares da democracia reside no pleno equilíbrio entre os Três Poderes, e toda vez que um deles açambarcar a competência de outro já não se poderá falar em Estado democrático".[51]

As condições de existência da democracia para Azambuja são bem definidas. Partindo da sua reflexão, é importante para o nosso registro fazer essa exposição semelhante a se colocar diante do leitor as definições básicas de verbetes, um pouco do seu funcionamento, e agora suas condições formais.

Essas condições de fato determinam se dentro de regime o ambiente democrático está de fato e sendo considerado por ele. É destacado os seguintes pontos: a) Constituição. b) Direitos individuais. c) Governantes eleitos periodicamente por sufrágio universal e livre. Veremos cada um de maneira resumida.

O primeiro ponto que foi destacado no item a), foi a Constituição. É importante ressaltar que não existe democracia sem uma constituição que demonstre de forma bem clara as normas e leis para os seus governantes. Isso é de um caráter primário e não se entra em discussão quanto a isso. A estabilidade política, a ordem social e as leis de garantia que fornecem o papel do judiciário como "independente e idôneo", são questões fundamentais. [52]

O segundo ponto que o nosso autor registrou foi no item b) Direitos individuais. "Sem liberdade civil e sem liberdade política não pode haver democracia". Por mais que em outros regimes algumas liberdades seja concedida aos cidadãos daquele regime, a democracia exige liberdade como causa e efeito. Na democracia se torna inimaginável um governo que de fato foi eleito pelo povo e tenha sua liberdade tolhida, seja ela em partidos, palavras, manifestações de vontade ou até mesmo pelas eleições.[53]

E em terceiro lugar, c) Governantes eleitos periodicamente por sufrágio universal e livre. Se no tópico dois o ponto da liberdade foi exposto de maneira clara dentro do ambiente democrático, quando se fala em eleição de governante esse também será o pilar universal para escolha dos seus representantes, mesmo que esses governem de maneira direta ou por representação. É na liberdade de escolha do indivíduo que se "escolhe uns e exclui outros, e esse ato psicológico de deliberação e volição está na essência de liberdade" Essa "soberania popular" que parte do princípio da liberdade não só elege, mas pode também destituir o governante. [54]

Na democracia também ninguém pode governar tudo. Ou seja, não se tem todo o poder. Existem mecanismos e travas para que a democracia não se torne um regime despótico. E por isso a divisão tríplice de poder é tão importante.[55] A participação plural dos partidos políticos também é uma caracterização importante do regime. É essencial para estabelecer diálogos entre os governantes e os parlamentares.[56]

A existência da democracia parte também pela concordância do povo. O povo não só precisar consentir com a forma de governo, mas também conhecer ao menos de forma empírica para que o necessário para que se possam viver em sociedade aconteça[57].

Se a divisão tríplice e o bom funcionamento dos três poderes são um fator importante para manutenção da democracia, se faz necessário na presente pesquisa uma exposição deles para que tanto os mecanismos de freio e funcionamento possam ser entendidos de maneira clara e objetiva. Por isso existe uma divisão e organização dos poderes que atuam em uma democracia. Trazendo como exemplo a democracia Brasileira, ela é organizada entre Legislativo, Executivo e Judiciário[58].

A primeira a ser destacada é o Legislativo. Segundo a nossa constituição o "Poder Legislativo é exercido pelo Congresso Nacional, que se compõe da Câmara dos Deputados e do Senado Federal.[59]" A Câmara dos Deputados tem os seus representantes de cada Estado eleitos pelo povo em eleição baseados no sistema proporcional de cada Estado onde se elegem para o mandato de quatro anos de representação do povo no congresso nacional. Quando se fala do Senado Federal, os mandatos são de oito anos e cada Estado terá sua renovação de quatro em quatro anos, podendo se alternar de um a dois terços dos representantes da casa. Tanto a Câmara dos Deputados quanto o Senado Federal, têm como suas funções legislar e fiscalizar.[60]

O Segundo Poder que foi destacado, é o Poder Executivo. O Poder Executivo é "Art. 76. O Poder Executivo é exercido pelo Presidente da República, auxiliado pelos Ministros de Estado".[61] As eleições se dão no primeiro domingo de outubro referentes ao primeiro turno e no último domingo de outubro para o segundo turno quando se fizer necessária. O Presidente da República tem como suas atribuições, nomear ministros, administrar com os ministros de Estado situações referentes aos Estados da federação. Sancionar e promulgar leis, vetar leis, realizar decretos, cuidar de tratados internacionais, decretar estado de sítio e defesa, comandar as forças armadas nacionais e outras atribuições que podem ser encontradas na nossa Constituição.[62]

O terceiro poder é o Judiciário. Nesse poder encontramos uma lista de órgãos que não só representam o judiciário como também fazem parte de seu funcionamento, tais como:

> "I - O Supremo Tribunal Federal; I-A—o Conselho Nacional de Justiça; II—o Superior Tribunal de Justiça; III—os Tribunais Regionais Federais e Juízes Federais; IV—os Tribunais e Juízes do Trabalho; V—os Tribunais e Juízes Eleitorais; VI—os Tribunais e Juízes Militares; VII—os Tribunais e Juízes dos Estados e do Distrito Federal e Territórios".[63]

As atribuições do Judiciário dizem respeito a "garantir os direitos individuais, coletivos e sociais e resolver conflitos entre cidadãos, entidades e Estado. Para isso, tem autonomia administrativa e financeira garantidas pela Constituição Federal."[64]

Com o passar dos anos o entendimento popular sobre questões como o funcionamento dos três poderes, discussões sobre um bom andamento do mesmo e informações sobre perigos que a democracia pode enfrentar fazem com que o povo tenha cada vez mais acesso à informação. A sociedade atual vive sob uma era da informação. Pensando nisso, Azambuja destaca uma característica importante quando diz respeito ao entendimento coletivo sobre as noções de democracia como isso é necessário que o povo em si, deseje viver sobre esse regime, pensando e tendo uma disposição mental e intelectual para que com consciência o comportamento coletivo que a democracia exige. [65]

Isso não significa em termos práticos uma "passividade ou conformismo de ideias, a luta de ideias é essencial para o regime". E faz parte da vida democrática que posições que às vezes são diferentes e até mesmas confusas, possam participar desse ambiente. Agora, existe também a preocupação com algumas situações mais extremas como informa nosso autor quando diz que:

> "Não haver separação radical e oposição violenta entre parcelas ponderáveis do povo. Até certo ponto essa condição decorre da anterior, mas refere-se a uma situação grave. Quando a democracia não conta com a lealdade da maioria dos cidadãos, quando há luta violenta de classes, ódio de raça, conflitos religiosos extensos e permanentes, fanatismos de ideologias, divergências implacáveis de nacionalidades, e se os grupos antagônicos são poderosos, a sobrevivência do regime pode não durar e funciona muito mal, até morrer substituído por uma ditadura". [66]

Se toda definição é perigosa e pode não conseguir representar o regime a ser definido na totalidade, mediante a todas as nuances que isso envolve por causa da existência de grandes discussões sobre o assunto, é preciso ao menos propor uma definição mais objetiva e mais clara. Azambuja declara que, "a democracia é um sistema político em que, para promover o bem público, uma constituição assegura os direitos individuais fundamentais, a eleição periódica dos governantes por sufrágio universal, a divisão e a limitação dos poderes e a pluralidade dos partidos".[67]

Lago, por sua vez, registra que:

"Democracia é o oposto de arbitrariedade, autoritarismo, imposição. Isso é verificado na vida comum: as pessoas autoritárias, despóticas, não gostam de prestar contas, apresentar explicações e justificativas ou de responder por seus atos. É a mesma lógica para quem está no poder. A democracia representativa permanece saudável com o acompanhamento e fiscalização acima de tudo do próprio povo"[68].

Como o homem é um ser volátil e está em constante mudanças, o avanço tecnológico, avanço de pensamento individual e coletivo, faz com que a democracia não seja perfeita. Quando o homem passa de um estágio para outro na sua vida, ele pode ir atrás de novas oportunidades para melhorar sua vida em sociedade fazendo com que os regimes que outrora fossem benéficos, em determinado momento parecem não estar tão positivos assim. Com isso a definição de democracia não pode ser perfeita, afinal "daqui a meio século, o processo da democracia direta seja possível".[69]

Se na democracia temos a participação da sociedade como um todo no processo para eleição dos governantes, existe aqui um conceito importante para o entendimento da democracia que é a participação política. Bobbio afirma que essa participação política é encontrada no ato do voto, na militância de partidos políticos, manifestações democráticas, discussões e reuniões e até mesmo pressões em determinados grupos políticos ou campanhas eleitorais. Um ponto a ser considerado sobre a participação política, diz respeito a sociedades que nem sempre tem o desenvolvimento dessa participação de maneira avançada ou bem-preparada. Sociedades com altas taxas de analfabetismo e carentes de estruturas políticas às vezes tem dificuldades em produzir frutos dessa participação, na prática[70].

Essa participação política se dá através do Estado. Se o cidadão é aquele que goza de direitos civis e políticos mediante ao Estado que vive, quando se trata de Brasil, essa é uma questão que se torna muitas das vezes complexa devido à dificuldade de condições sociais oferecidas para as pessoas usufruírem do seu direito segundo a Constituição Federal.[71]

A participação direta ou indireta da sociedade só acontece por causa do Estado e sua forma de gerir e organizar a sociedade através das leis. Essa lei se chama constituição e sua responsabilidade é: "gerir a vida em sociedade daquele Estado". A participação do povo na democracia também se dá na criação das leis de forma democrática, onde de fato o povo pode cumprir a definição de Democracia como "governo do povo".[72]

Sartori ainda argumenta que, "a política gira em torna das relações entre os governantes e os governados".[73] Segundo ele, a existência da democracia faz com o processo de tomada de decisão seja mais próximo entre os governantes e os governados. O que não significa que não tenha uma divisão entre eles. E o "governo do povo de fato" se dá nas eleições.[74]

As eleições então se tornam um fator importante ou até mesmo um marco democrático. Afinal, elas acabam verificando o consenso popular de certa forma, mas esse processo é como define Sartori: "um processo descontínuo e elementar".[75] O processo se torna descontínuo à medida que o poder do povo fica "inativo" entre o período eleitoral e até mesmo o que dizem respeito as decisões concretas do governo.[76] Existem dificuldades na implementação desse mecanismo em sua plenitude, devido a linha tênue entre participação ativa popular e apenas a participação no voto.

Essa participação popular na democracia e esse "Governo do povo", nem sempre se dá como deve. Ou seja, nem sempre a democracia é de fato governada pelas pessoas que estão incluídas no determinado Estado. Por vezes a democracia se torna uma "fantasia, pois sempre haverá uma minoria disposta e ávida pelo poder que dirigirá a maioria". Antenas como modelo de democracia e "cidade-estado, por exemplo, foi governada por quase dois séculos somente pelos homens, excluindo assim mulheres, escravos e imigrantes.[77]

Essa também é uma característica do processo democrático e da democracia. Se a sociedade é de fato organizada em hierarquia, existe a possibilidade de desigualdade e "uma minoria organizada que comanda a maioria desorganizada". É através do processo eleitoral então que na democracia contemporânea cumpre seu papel na escolha de seus governantes. Alves faz um adendo importante ao falar das minorias dentro do Estado democrático de Direito:

> "No processo democrático, é fundamental que a minoria mantenha seus privilégios e, por isso, alguns cuidados devem ser tomados, pois o excesso desse elitismo pode virar fascismo."[78]

Schumpeter diz que "o excesso da participação pode gerar movimentos extremistas como aconteceu na Alemanha com o nazismo". Afinal, uma questão que deve ser considerada é a manobra feita pelas propagandas e tentativas de manobrar os interesses coletivos através das mídias, seja ela qual forem. Quando se trata da democracia Brasileira é um alerta necessário, pois como característica o brasileiro ou indivíduo médio está preocupado apenas com o ato de votar e não participa de fato da vida política do Estado. [79]

Alves indica o nascimento da democracia representativa depois da Revolução Francesa com o Nascimento do Estado Liberal. Onde a criação do Estado liberal passa a dar o direito político para alguns cidadãos para que eles possam tomar decisões em nome do próprio povo. E a democracia participativa a população tem mecanismos fornecidos pelo Estado para que de forma direta possam participar, fazendo assim com que muitos cidadãos alcançassem a "emancipação social". [80]

Essa participação popular ou participação das pessoas no ambiente democrático passa também pela sua soberania e os direitos humanos conquistados. Entre eles o direito de expressão e de livre pensamento.

Pensando na problemática da representação e dos direitos, Ribeiro formula uma tese em que o avanço da democracia moderna não se dá pela ideia da participação simplesmente. Mas, sim, pelos seus direitos, onde eles se tornam o "motor das reivindicações".[81] É somente na busca por esses direitos que a pressão popular se move. Com a existência de democracias de representação onde a vontade popular é expressa tanto na eleição de um presidente de um país como os EUA, como nas mãos de um rei, são os direitos, a consolidação dos direitos humanos que demonstram e consolidam a evolução da democracia.[82]

Ribeiro destaca o funcionamento da democracia moderna no Ocidente. O Ocidente é marcado pelo Estado de direito construído após XVI, onde as relações são mediadas pelas noções de direitos e não de privilégios. Sendo assim, a democracia moderna e o Estado de direito se expandem buscando com que as pessoas envolvidas não sejam discriminadas.[83]

Pensando nisso e outras questões, foi que a ONU assina um pacto em dezembro de 1948 para garantir e consolidar que dentro dos ambientes democráticos a garantia a liberdade individual, justiça e direitos sociais fossem cumpridos.

Como a presente pesquisa se trata de democracia e os países democráticos devam adotar tais medidas, é válido uma análise sobre a presente carta e suas garantias fundamentais. A declaração se inicia com as frases "todos os seres humanos nascem livres e iguais em dignidade e direito".[84] A expressão de igualdade de direitos estabelecidos deve ser inata para todos as pessoas independente da opinião política, pensamento, natureza, cor, raça ou qualquer outra condição. [85]

Ninguém pode ser mantido em escravidão, submetido a tortura, devem ser reconhecidos como ser humano diante a lei e sendo assim eles devem ter auxílio diante de situação que envolve a justiça onde gozam de plena igualdade jurídica. [86]

O compromisso embora seja uma declaração universal sobre os direitos humanos e não sobre democracia em si, está completamente ligada ao nosso tema. A declaração garante o direito à liberdade de pensamento, crença e religião. Também inclui manifestação pública seja ela religiosa para ensino ou particular. O direito a expressão inclui liberdade sem qualquer interferência para opinião e transmitir informações por quaisquer meios.[87]

A declaração ainda garante liberdade de receber ou transmitir informações independentemente do motivo ou até mesmo entre países variados. Também se fala de um direito à liberdade de reunião.[88] Esse direito de liberdade, ou a garantia dela, ainda se faz presente no que se refere a escolha de candidatos, acesso ao serviço público de seu país e escolha de governantes através do voto em eleições programadas e legítimas onde o processo eleitoral garanta a liberdade também do voto e de escolha de cada cidadão.[89]

Esses são atributos que complementam perfeitamente o Estado democrático de direito. Se o direito ao voto e sua garantia acaba se tornando um mecanismo de medida da democracia, é importante refletir também sobre o período pré-eleitoral. Afinal, é nesse período que os cidadãos livremente vão conhecer seus candidatos cada um na busca de uma escolha livre. Ou, deveria ser assim. Sartori aponta uma questão imprescindível no que diz respeito a isso quando diz:

> "Embora não devamos menosprezar a importância das eleições, não podemos isolar o evento eleitoral de todo o processo de formação de opinião. O poder de eleger é *per se* uma garantia

mecânica de democracia: a garantia essencial é constituída pelas condições em que o cidadão obtém informações e é exposto à pressão dos formadores de opinião. Em última instância, "opinião dos governados é o verdadeiro fundamento de todo o governo". Isto é, um governo sensível e responsável perante a opinião pública".

Uma discussão que tem tomada os meios acadêmicos, jornais e até mesmo a interação em rede social no que diz respeito ao ambiente democrático em diversos países do mundo é o quanto a eleição e as opiniões formam o caráter do eleitor ou o que ele sabe do candidato. Fazendo assim com que os eleitores tenham uma visão distorcida da realidade eleitoral e democrática. Essa tem se tornado cada vez mais uma situação complexa, quando se diz em democracia, liberdade de expressão, vontade popular e até mesmo Fake News.

Se como defende Sartori, a eleição não pode ser isolada da participação dos formadores de opinião e isso condiciona o voto do eleitor. Aqui a democracia recente está diante um desafio enorme. Segundo Arendt, a "Política é o espaço de encontro de diferenças, da pluralidade".[90] É um grande desafio para a liberdade de expressão e democracia recente devido ao avanço tecnológico e uso da internet.

Quando se pensa em democracia nos tempos recentes é preciso também refletir sobre o uso da internet e seu modo cada vez mais "personalizado" com uso de algoritmos para filtrar crenças, gostos e interesses. Esse é um desafio muito grande para sociedade atual no que tange ao ambiente democrático e a liberdade de expressão. Afinal, cada usuário se encontra em bolhas sociais com apenas pessoas e gostos parecidos, onde o pensamento contrário acaba se tornando um propulsor de radicalização de pensamento, políticos, sociais e até mesmo religiosos[91].

A manutenção da liberdade de expressão enquanto direito fundamental na sociedade atual é de extrema importância mesmo com os desafios das bolhas sociais causadas pelos algoritmos na rede social por causa do papel até mesmo de contestação, alteração e possíveis restrições de leis antigas e novas dentro de um ambiente democrático. Barendt chega a dizer que, é no exercício da liberdade da expressão que o Estado consegue legitimar-se e ter um compromisso com uma democracia que respeita a liberdade de expressão"[92].

Tôrres alerta que a liberdade de expressão não é apenas um direito, mas uma garantia fundamental do indivíduo, pois garante a dignidade individual e em paralelo a isso faz parte da estrutura democrática do Estado. Tôrres acena ainda de maneira mais direta para a liberdade de expressão enquanto dignidade humana. A autora chega a dizer que, "não há vida digna sem que o sujeito possa expressar seus desejos e convicções". No que o tema se adentra ao tema da democracia, é uma garantia de voz dos seus cidadãos tanto politicamente como ideologicamente. A liberdade de expressão então se torna um valor imprescindível para a manifestação e participação na esfera pública[93].

Kelsen, ao falar do fundamento da democracia, ele argumenta que a base ou os fundamentos da mesma são a "liberdade combinada com igualdade", desde que a ela consiga uma participação direta e indireta do povo. Kelsen não trata a liberdade e igualdade como valores, entre tantos outros. O autor fala de uma liberdade e igualdade como "instintos fundamentais da vida social"[94]. Sem os tais parece não haver uma consolidação da democracia e da ordem jurídica.

A presente pesquisa e o capítulo não têm por objetivo exaurir a discussão sobre a democracia, mas, tentar perceber de forma resumida o funcionamento da mesma e dos demais temas tais como forma de governo, funcionamento do estado, modelos de participação, representação, liberdades individuais, direitos humanos e liberdade de expressão e os desafios recentes.

O capítulo pôde se perceber o início da teoria da tradição e suas três teorias. A democracia e o e ideologia caminhando juntos. A função da democracia em si desde a Grécia Antiga em Atenas e o marco da organização política e democrática. O tema da soberania popular foi apresentado com a discussão do problema das massas dentro da democracia em conjunto com o entendimento que a participação política dos indivíduos de uma sociedade e uma democracia fortalecidas segundo os mais diversos autores são de caráter positivo. Um resumo do funcionamento de algumas sociedades democráticas, seus poderes, sua organização e as definições do conceito de democracia. Temas como participação política, liberdades individuais, direitos humanos e liberdade de expressão também foram temas expostos na tentativa de elucidar questões importantes para a democracia e a presente pesquisa em si em seus capítulos posteriores.

## Notas

[1] BOBBIO, N. Democracia. Dicionário político. P.319
[2] BOBBIO, N. Democracia. Dicionário político. P.319
[3] BOBBIO, N. Democracia. Dicionário político. P.319
[4] BOBBIO, N. Democracia. Dicionário político. P.320
[5] BOBBIO, N. Democracia. Dicionário político. P.320
[6] BOBBIO, N. Democracia. Dicionário político. P.320
[7] BOBBIO, N. Democracia. Dicionário político. P.320
[8] BOBBIO, N. Democracia. Dicionário político. P.320
[9] BOBBIO, N. Democracia. Dicionário político. P.320
[10] BOBBIO, N. Democracia. Dicionário político. P.320
[11] BOBBIO, N. Democracia. Dicionário político. P.320
[12] BOBBIO, N. Democracia. Dicionário político. P.320
[13] BOBBIO, N. Democracia. Dicionário político. P.320
[14] BOBBIO, N. Democracia. Dicionário político. P.326
[15] BOBBIO, N. Liberalismo e Democracia. P.31
[16] GASPARRO, Patrícia. Importância das ideologias nas democracias representativas e deliberativas. P. 169
[17] MACHADO, A. A Democracia Representativa no Brasil: problemas e questionamentos. Estação Científica (UNIFAP), Macapá, v. 6, n. 1, p. 09-18, jan./abr. 2016.

[18] GASPARRO, Patrícia. Importância das ideologias nas democracias representativas e deliberativas. P. 171
[19] BOBBIO, N. Democracia. Dicionário político. P.326
[20] BOBBIO, N. Democracia. Dicionário político. P.326
[21] BOBBIO, N. Democracia. Dicionário político. P.326
[22] BOBBIO, N. O Futuro da democracia. P. 21
[23] BOBBIO, N. Liberalismo e Democracia. P.31
[24] LAGO, D. Brasil Polifônico. P. 94
[25] COUTINHO,C. Democracia e construção da realidade: Esboço de uma teoria. P. 30
[26] COUTINHO,C. Democracia e construção da realidade: Esboço de uma teoria. P. 32
[27] COUTINHO,C. Democracia e construção da realidade: Esboço de uma teoria. P. 32
[28] LAGO, D. Brasil Polifônico. P. 94
[29] LAGO, D. Brasil Polifônico. P. 94
[30] LAGO, D. Brasil Polifônico. P. 95
[31] LAGO, D. Brasil Polifônico. P. 96
[32] BOBBIO, N. Democracia e Segredo. P. 135
[33] LAGO, D. Brasil Polifônico. P. 97
[34] AZAMBUJA, D. Teoria Geral do Estado. 242
[35] AZAMBUJA, D. Teoria Geral do Estado. 338
[36] AZAMBUJA, D. Teoria Geral do Estado. 338
[37] AZAMBUJA, D. Teoria Geral do Estado. 338
[38] AZAMBUJA, D. Teoria Geral do Estado. 339
[39] AZAMBUJA, D. Teoria Geral do Estado. 339
[40] AZAMBUJA, D. Teoria Geral do Estado. 340
[41] AZAMBUJA, D. Teoria Geral do Estado. 340
[42] AZAMBUJA, D. Teoria Geral do Estado. 341
[43] AZAMBUJA, D. Teoria Geral do Estado. 341
[44] AZAMBUJA, D. Teoria Geral do Estado. 341
[45] AZAMBUJA, D. Teoria Geral do Estado. 342
[46] AZAMBUJA, D. Teoria Geral do Estado. 343
[47] AZAMBUJA, D. Teoria Geral do Estado. 346
[48] AZAMBUJA, D. Teoria Geral do Estado. 347
[49] AZAMBUJA, D. Teoria Geral do Estado. 347
[50] KELSEN, Hans. Teoria geral do direito e do estado.406.
[51] NADER, P. Filosofia do Direito. 102
[52] AZAMBUJA, D. Teoria Geral do Estado. 348
[53] AZAMBUJA, D. Teoria Geral do Estado. 350
[63] BRASIL, C. Constituição da República Federativo do Brasil. P. 6
[54] AZAMBUJA, D. Teoria Geral do Estado. 351
[55] AZAMBUJA, D. Teoria Geral do Estado. 353
[56] AZAMBUJA, D. Teoria Geral do Estado. 354

⁵⁷ AZAMBUJA, D. Teoria Geral do Estado. 354
⁵⁸ BRASIL, C. Constituição da República Federativo do Brasil. P. 45
⁵⁹ BRASIL, C. Constituição da República Federativo do Brasil. P. 45
⁶⁰ BRASIL, C. Constituição da República Federativo do Brasil. P. 45
⁶¹ BRASIL, C. Constituição da República Federativo do Brasil. P. 58
⁶² BRASIL, C. Constituição da República Federativo do Brasil. P. 60
⁶³BRASIL, C. Constituição da República Federativo do Brasil. P. 6
⁶⁴ https://www.tjsp.jus.br/PoderJudiciario/PoderJudiciario/OrgaosDaJustica
⁶⁵ AZAMBUJA, D. Teoria Geral do Estado. 355
⁶⁶ AZAMBUJA, D. Teoria Geral do Estado. 355
⁶⁷ AZAMBUJA, D. Teoria Geral do Estado. P. 360
⁶⁸ LAGO, D. Brasil Polifônico. P. 103
⁶⁹ AZAMBUJA, D. Teoria Geral do Estado.P.361
⁷⁰ BOBBIO, Nolberto. Dicionário de política I.P. 674
⁷¹ ALVES, Thiago. A democracia participativa na Constituição Federal de 1988. P. 104
⁷² ALVES, Thiago. A democracia participativa na Constituição Federal de 1988. P. 105
⁷³ SARTORI,G . A Teoria da democracia. P. 123
⁷⁴ SARTORI,G . A Teoria da democracia. P. 123
⁷⁵ SARTORI,G . A Teoria da democracia. P. 124
⁷⁶ SARTORI,G . A Teoria da democracia. P. 124
⁷⁷ ALVES, Thiago. A democracia participativa na Constituição Federal de 1988. P. 106
⁷⁸ ALVES, Thiago. A democracia participativa na Constituição Federal de 1988. P. 106
⁷⁹ ALVES, Thiago. A democracia participativa na Constituição Federal de 1988. P. 105
⁸⁰ ALVES, Thiago. A democracia participativa na Constituição Federal de 1988. P. 107
⁸¹ RIBEIRO, Renato. A democracia. P.17
⁸² RIBEIRO, Renato. A democracia. P.17
⁸³ RIBEIRO, Renato. A democracia. P.21
⁸⁴ Declaração Universal dos Direitos Humanos (unicef.org)
⁸⁵ Declaração Universal dos Direitos Humanos (unicef.org)
⁸⁶ Declaração Universal dos Direitos Humanos (unicef.org)
⁸⁷ Declaração Universal dos Direitos Humanos (unicef.org)
⁸⁸ Declaração Universal dos Direitos Humanos (unicef.org)
⁸⁹ Declaração Universal dos Direitos Humanos (unicef.org)
⁹⁰ OLIVEIRA, A. Os limites da liberdade de expressão. P.99
⁹¹ OLIVEIRA, A. Os limites da liberdade de expressão. P.99
⁹² OLIVEIRA, A. Os limites da liberdade de expressão. P 102
⁹³ TÔRRES, C, F. O direito fundamental à liberdade e sua extensão. P. 61
⁹⁴ MORENO, M. O conceito de democracia em Hans Kelsen. P. 81

# Capítulo 2
# Exposição dos Textos de J. Ratzinger: Quem é Joseph Ratiznger? Quais os principais textos e uma síntese do seu pensamento

## 2.1 Quem é Joseph Ratzinger?

Diante da envergadura teológica e intelectual de Joseph Ratzinger é necessária uma breve exposição sobre sua pessoa e seu histórico, para que de forma mais aprofundada a pesquisa se concentre de maneira mais objetiva em sua reflexão teológica posteriormente. Um ponto importante para a pesquisa é fazer com que o autor seja conhecido também fora do ambiente católico e acadêmico. Sendo assim faz-se necessário uma breve introdução.

Joseph Ratzinger nasce em 16 de abril em 1927 em Marktl am Inn (Baviera). Estudou filosofia e teologia em Munique e Freising onde no dia 29 de junho de 1951 tem sua ordenação sacerdotal.[1] Joseph Ratzinger se aprofunda em Boaventura e pode então atuar como professor a livre docência na Universidade de Munique como professor de Teologia Fundamental. Foi professor também na Universidade de Bonn e entre 1962 e 1965 foi perito oficial do cardeal Joseph Frings durante o Concílio Vaticano II.[2]

Entre 1963 e 1977 passou pelas Universidades de Munster, Tubigen e Resesburg onde exerceu ano de 1976, o cargo de vice-presidente. No ano de 1922, no dia 25 de março, Ratzinger avança na sua caminhada eclesial e é nomeado arcebispo de Munique. Em 1981 é chamado pelo papa João Paulo II a Roma para então ser o prefeito da Congregação da Doutrina da Fé e presidente da comissão Internacional de

Teologia.³ No ano de 2000, o papa João Paulo II o nomeia como membro da Pontifica Academia de Ciência demonstrando mais uma vez toda sua capacidade intelectual, mas é em 19 de abril de 2005 que o cardeal Joseph Ratzinger foi eleito o sucessor de João Paulo II assumindo então sua nova missão, sua nova responsabilidade e seu novo nome de Bento XVI se tornando o novo Papa.⁴

Um jornalista do *frankfurter Allgemeine Zeitung* tornou conhecida a frase que "desde Lutero, não houve nenhum alemão que tenha influenciado tanto a Igreja Católica como Joseph Ratzinger"⁵. O pontificado de Bento XVI suas ideias, sua pessoa e sua forma de pensar marcaram profundamente a história da Igreja. Alguns chagaram a chamá-lo de Mozart da teologia ou até mesmo o "Tomás de Aquino dos nossos dias" e alguns outros ainda o chamaram assim como o seu mestre Agostinho de "um poeta, um pastor e um pensador". ⁶

O filósofo pós-marxista Jurgen Habernas ainda chamou Bento XVI, de o "amigo da razão". O escritor Umbral ainda acrescentou sobre o tema que quando o pensamento religioso foi encurralado durante todo o século XX pelo pensamento ateu e laico, Ratzinger conseguia debater de frente com os ícones do ateísmo sem tirar os "seus sapatos vermelhos". Sarto chega a dizer que Bento XVI era "Um dos últimos dos grandes teólogos da geração do Concílio como Lubac, Congar, Rahner e Balthasar. Isso tudo devido sua grande capacidade espiritual e teológica⁷.

Entre outros rótulos que foram colocados sobre Joseph Ratzinger assim que ele assume o pontificado ele começa a ser chamado de o "grande inquisidor – *Panzerkardinal, o rottweiler de Deus* ou até mesmo do "pastor alemão". Isso tudo se dá devido a sua vida pregressa como colaborador de João Paulo II na frente da Congregação da Doutrina da Fé, onde atuou por 23 anos. Por trás de toda dureza que ofício anterior exigia de si por detrás dessa figura muitas das vezes dura e considerada o "guardião da fé" foi-se descobrindo sua vida e sua história considerando, seu passado como um jovem alemão simples onde seu pai era um policial rural bávaro, mais tarde como professor universitário e um ser discreto[8].

Ratzinger sempre esteve no "ring" das ideias como destacou Manglano. Sarto ainda consegue defini-lo bem quando diz que "ele teve somente uma obsessão que era a verdade. Falava com todos e para todos[9]". Vivia sua vida com simplicidade, muito estudo e regado de oração e isso fica bem claro quando acaba de ser eleito e diz aos cardeais presentes que: "peço que vós me apoieis"[10]. A figura de Joseph Ratzinger levava a vida com simplicidade, trabalho e intelectualidade. Houve diversos momentos em que ele mesmo já ocupando cargos e posições importantes da Igreja, nunca deixou de falar com todos e até mesmo pedir que seus privilégios fossem diminuídos[11].

Não era então esse *"rottweiler de Deus"*, como muitos quiseram colocar nele esse estereótipo. As palavras do Monsenhor Ricardo Blázquez podem nos ajudar a destacar virtudes, qualidades e até mesmo a missão de Bento XVI:

> "Propor a fé, esclarecê-la e defendê-la, mostrar seu caráter razoável, foi o precioso serviço que sacrificada e generosamente cumpriu na Igreja. Possui o dom da palavra e escrita. Suas formulações são precisas, simplificam o complexo, fazem o profundo acessível, edificam espiritualmente são brilhantes e belas".[12]

Ratzinger chamou atenção dos mais variados pesquisadores e assuntos a respeito da sua obra e da sua influência na "abertura do terceiro milênio". Considerado como, amigo da razão, visto para muitos como um grande teólogo, é interessante perceber e deixar claro que Bento XVI não se torna apenas Papa e abandona a teologia. Pelo contrário, a figura dele é então uma representação do teólogo que se tornou Papa, mas é também do Papa que nunca deixou de ser teólogo ou nem mesmo de fazer teologia no dia a dia.[13]

Albino tem uma noção muito clara e nítida de quem era Joseph Ratzinger como intelectual ao ponto de perceber que sua vida e sua reflexão intelectual e acadêmica, não se reduz apenas ao olhar teológico da tradição e escritura, por exemplo. Afinal, seus escritos impactam de maneira concreta no pensamento no início do século XXI enquanto sociedade na condução e direção da Igreja Católica[14]. Para entender essa figura célebre e discreta, muitas das vezes é necessário que possamos fazer alguns paralelos com seus antecessores para percebemos como é o seu modo de agir em relação ao mundo e ao governo da Igreja. Se, por exemplo, João Paulo II foi de certa forma um "papa místico-político", Bento XVI por sua vez era "acima de tudo um *Magister*: um professor e um pesquisador ou, para voltar ao jargão sociológico, um intelectual"[15]. Para Albino essa precisa ser o olhar lançado sobre ele para compreender seu papel enquanto, teólogo, intelectual e papa.

Uma discussão surge por conta das palavras do próprio Joseph Ratzinger, "a palavra Igreja fere os ouvidos da modernidade"[16]. Ratzinger se expressou assim diante da época moderna que se colocava diante a Igreja. E, parece claro que o olhar Ratzinger sobre a modernidade não era apenas um diagnóstico só da Igreja em nosso tempo, mas sim do "nosso tempo"[17]. O que deixa claro para o leitor mais atento sobre suas obras é que ele não estava apenas preocupado em escrever teologia somente com caráter eclesiológico, mas também existe uma preocupação com o tempo, a era e a "modernidade" que estava frente a Igreja. Isso parece tornar mais claro que as contribuições intelectuais de Ratzinger transbordam da Teologia para a Sociologia também e podemos ver as consequências de seus escritos também na sociedade.

Albino ao tratar do tema da modernidade a luz do pensamento de Ratzinger usa Sabetta para argumentar que "a versão mais conhecida das relações entre o cristianismo(catolicismo) e a modernidade é de exclusão mútua. O cristianismo ocidental pretende ser decididamente antimoderno"[18]. Podemos argumentar que talvez seja por isso, como bem esclarece Albino, que a relação entre catolicismo e modernidade está repleta de intervenções papais.[19] Mas, um evento muda a rota e abre espaço para esse tipo de orientação e de maneira mais clara e objetiva se pode ter um aceno mais concreto da Igreja para um diálogo mais aberto com o mundo moderno se dá com o Concílio Vaticano II.[20]

Essa mudança de postura de forma oficial, onde a partir daquele momento se era necessário "ler os sinais dos tempos" de forma mais otimista era um apontamento claro aos cristãos que agora não era mais preciso dizer que os cristãos eram antimodernos. [21] Ratzinger que teve um papel fundamental na doutrina do pontificado de João Paulo II, mas estando envolvido no Concílio, foi até na avaliação de Comblin, "um dos primeiros que se assustaram e se arrependeram, pois, sua teologia não se adequava a teologia conciliar".[22]

Albino destaca que essa afirmação de Comblin precisa de uma correlação necessária, afinal: "uma orientação conservadora em relação com Concílio significaria uma visão negativa da modernidade com a qual a grande assembleia pretendeu dialogar" [23].

O Concílio Vaticano II que aconteceu entre 1962 – 1965, marca diretamente a vida de Joseph Ratzinger. Ele então se torna conhecido e até mesmo "célebre ajuntando entre os progressistas". E muitos autores chegam a dizer que sua mudança de posição em relação ao concílio afeta sua visão de mundo também. [24] O pós-Concílio é tomado de duas hermenêuticas conciliares em clara oposição. Uma representada pela revista *Concilium* nascida em 1965 na Alemanha de leitura e orientação mais "progressista" e que contava com teólogos com grande capacidade intelectual como Hans Kung, Karl Rahner e outros. Em contraponto nasce então a revista *Communio* em 1974 na Itália e Alemanha. De leitura mais "conservadora" estão respaldados teólogos como Hans URs von Balthasar, Henri de Lubac e Joseph Ratzinger.[25]

Ratzinger chegou a participar da primeira versão da *Concilium*, mas depois acaba deixando por não concordar com a posição tomada da revista. Esse breve relato dos acontecimentos é valoroso para a pesquisa para um entendimento de que Joseph Ratzinger como teólogo vive em seu período acadêmico mudanças profundas em sua orientação teológica. Dentro da sua própria universidade alemã acontece mudanças significativas em relação ao modo de pensar. E ele mesmo acaba mudando de Universidade, saindo de Tubigen e se migrando para Regensburg.[26]

Albino com muita clareza consegue identificar na figura de Ratzinger três funções que ele ocupa em sua vida *"professor universitário"*, um *"burocrata"* mais tarde quando assume a cadeira de prefeita da Congregação da Doutrina da Fé entre 1982 até 2005. E por último, quando ele então assume o lugar de *"líder político e religioso"* da Igreja em 2005, onde se torna responsável por questões internas e externas a Igreja e se torna o Bispo de Roma e Chefe de Estado (Vaticano)[27].

Essa discussão, que surgiu também por conta da postura e palavras de Joseph Ratzinger que "ele tinha medo da modernidade"[28], como Mancuso sinalizou, não pode ser levada como uma conclusão fechada sobre sua vida e seu modo de pensar. Afinal, outros autores como Vittorio Messori, por exemplo, tratam Ratzinger como um "papa pós-moderno"[29]. E outros ainda como Paolo Portoghesi resumem que o pontificado do Bento XVI deva ser observado como um papa "claramente aberto à modernidade e não um Restauracionista ou um obscurantista"[30].

Parece notório e chama atenção quando se trata das avaliações relacionados ao Ratzinger, é que ele tem sinalizações e rótulos completamente conflitantes. Sua vida, suas obras e sua reflexão filosófica, teológica e até mesmo sociológica encontram-se em gavetas distintas algumas vezes, demonstrando toda sua grandeza, sua capacidade intelectual e diálogo com o passado, o tempo presente e as elucidações e reflexões que transcendem um tempo específico. Não é à toa que para muitos existem o "Ratzinger-Bento XVI antimoderno, o moderno e em alguns casos pós-moderno".[31]

Enquanto alguns imaginavam que como prefeito da Congregação da Doutrina da Fé "era um e enquanto Papa era outro", seu secretário, o arcebispo Amato, declarou que o mesmo Ratzinger que era responsável por uma missão, cumpria a outra com a mesma "lucidez intelectual, mesmo zelo pela defesa da doutrina e a mesma simplicidade nas relações humanas e na mesma humildade em pessoa"[32]. Fica claro nas declarações de muitos teólogos, funcionários, amigos e conhecidos que estamos diante de um teólogo de profunda reflexão teológica e de um coração simples, amável e até mesmo "dotado de um fino sentido de humor com todos os que lhe conheciam"[33]. Como o próprio se definiu mais tarde ao ser eleito Papa, "um humilde trabalhador na vinha do Senhor".[34]

Catelan faz uma análise excelente sobre a figura de Bento XVI na apresentação da biografia de Ratzinger de Peter Seewald quando diz que:

> "Só se conhece uma figura como Ratzinger mergulhando o entremeado de fios humanos, teológicos, eclesiais que compõem a tessitura da vida de um homem que tanto marcou o século XX. Seewald ainda argumenta que "a partir dos seus diálogos com o purpurado alemão, é ainda mais bela: pode ser mais vantajoso contemplar os vitrais de uma igreja do lado de dentro, pois assim estão iluminados. Igualmente, há mais luz na vida de Ratzinger/ Bento XVI quando vista por dentro, sem simplificações ou enquadramentos pré-estabelecidos"[35].

Parece-me justo e digno terminar esse breve relato sobre a personalidade de Bento XVI com esse olhar bem conciso sobre sua vida, lembrando que Apóstolo Paulo escreve para Timóteo em sua segunda carta no capítulo 4, versículo 7: *"Combati o bom combate, terminei a carreira guardei a fé".* Sarto ainda escreve e nos lembra das palavras de Pellitero que diz: "o Evangelho é, antes de tudo, afirmação, um grande sim a tudo o que Deus criou"[36].

Bento XVI, nas palavras da irmã Maria Begoña antiga inquilina da residência onde o papa emérito reside, diz que ela o pode ver de muito perto e "definira-o como uma pessoa humilde, muito simples, um pouco tímida e muito bondosa: um santo".[37] Sua personalidade e seu olhar para o ensino na Igreja não teve um impacto somente na Alemanha, mas ele se tornou um mestre de toda a Igreja. O centro do seu pontificado fica marcado pelo ensino e pregação cristocêntrica.[38]

## 2.2 Temas da sua reflexão teológica

O teólogo e especialista Pablo Sarto, em sua obra sobre a teologia de Joseph Ratzinger, indica uma questão muito importante para o entendimento do pensamento das ideias de Bento XVI. Ele nos lembra que o próprio Ratzinger diz que sua teologia tem foco em ser um apontamento para Deus e seus estudos eclesiológicos e escritos são de certa forma reivindicava uma "imagem teológica da Igreja". [39]

Nada do que ele escreveu ou expôs, ficou longe da percepção que ele tinha do ser humano e da maneira com que o ser humano pudesse ser livre a partir de Jesus Cristo. Tema esse que era não só frequente, mas de certa forma era um fio condutor cristocêntrico de toda sua contribuição intelectual. Ratzinger acreditava que a "verdade salvífica" estava revelada em Jesus Cristo como Filho de Deus devido a esse amor pessoal além da morte o cristão podia receber por causa da tradição.

Tradição essa confiada a Igreja como um tema da fé e essa pessoa não poderia recebê-la por si mesmo, mas no sacramento ela poderia ser expressa e realizada na vida do crente. [40] Tema caro para sua reflexão teológica estão também questões relacionadas sobre o conflito entre fé e razão, cristianismo e a modernidade, verdade, liberdade, autoridade dos bispos, escatologia e seus estudos e ensaios sobre eclesiologia.[41]

Seus estudos sobre eclesiologia e até mesmo escatologia têm tomado grande parte de sua reflexão teológica. Ratzinger afirma várias vezes em suas obras que a "Igreja é mistério de Deus", e que esse "mistério" e a teologia da trindade tem que ser medidos pelo critério da eclesiologia. A Igreja é mistério de comunhão com Deus em sua participação na comunhão trinitária entre toda a humanidade.[42] A Igreja é um mistério que une sacramentalmente visível e o invisível de modo como o mistério da encarnação e essa Igreja é então povo de Deus através do corpo de Cristo por uma comunhão espiritual. Esse Povo é um templo, organismo e tabernáculo do logos, é um novo povo fundado por Cristo e animado pelo seu Espírito de maneira pneumática.[43]

Sarto ainda deixa bem claro que a eclesiologia ratzingeriana está fundamentada, sobre a escrituras e sobre a tradição, ou seja, para Ratzinger é uma eclesiologia teológica, é uma eclesiologia patrística.[44] Ratzinger parece ser em sua obra teológica como um *panzer* ou um autêntico tanque: avança de forma lenta muitas vezes, mas segura daquilo que perseguia.[45]

Não é à toa que, sua figura e sua reflexão teológica adentra no momento presente social do mundo de forma cultural e intelectual e se conecta com a pessoa de Jesus Cristo. Deus, o mundo e a Igreja são temas muito caros ao seu pontificado, de modo que o desenvolvimento da presença de Bento XVI no terceiro milênio no cenário internacional é de forma ativa e marcante no coração das pessoas.[46]

O Papa Francisco ainda lembra de forma bem clara e objetiva que os temas relacionados a fé e política são de grande destaque na sua produção e estão sempre no centro de sua atenção. Afinal, esses são temas que passam pelo caminho intelectual e humano e Bento XVI elabora em suas falas e escritos uma maneira de propor a vida cristã estão para além de uma esperança política e sua esfera de ação. Sua esperança está em outro lugar e "vão além da realidade do Estado... como um *totum* das possibilidades da esperança humana".[47]

Embora Ratzinger tenha contribuído de maneira robusta com temas eclesiológicos como conceituação da Igreja, povo de Deus, casa de Deus e corpo de Cristo, no momento entre guerras ele se atenta e coloca suas forças sobre o tema da Eucaristia de modo mais íntimo. A Igreja como corpo de Cristo de modo místico e presente na Eucaristia é conceito fundamental na eclesiologia de Ratzinger.[48] Um ponto de bastante preocupação também de Ratzinger é a respeito de eclesiologia pastoral onde é preciso retornar para uma fé simples.[49]

Quando Ratzinger se torna professor de Teologia fundamental aos 32 anos, de idade muito das suas contribuições posteriores estava sendo formado por ele em aulas e palestras também devido a sua personalidade e maneira de ensinar. Sua maneira de dar aula dizia muito sobre si, e sua reflexão teológica no todo. Suas aulas pareciam ser milimetricamente preparadas.[50] Ele parecia reinventar o modo de dar aulas segundo Roman Angulanza. Ele prepara sua aula e antes de ir até a universidade expô-la, dava uma "aula particular" para sua irmã, a fim de que se ele pudesse entender os temas como ela não era uma estudante de teologia, todos poderiam entender.[51]

Uma nova linguagem, suas aulas sempre lotadas, explicava temas de maneira profunda com muita simplicidade, como um "crente" revelou Viktor Hahn.[52] Ele fazia o possível para que a teologia pudesse de maneira concreta fazer parte da vida das pessoas da mesma forma que Igreja estivesse na sua vida e daqueles que o ouviam. Ele avança no diálogo entre a fé e o tempo presente, onde a fé precisava abandonar o "panzer" e falar de uma maneira mais atual e clara. [53]

A atividade intelectual e a práxis pastoral não deve ser vista de maneira dicotômica. Do mesmo modo que a fé precisava se tornar simples para que a ouvisse, o teólogo para ele deveria cumprir seu papel de maneira eficiente para que isso fosse possível. Quando Ratzinger fala a respeito do papel do teólogo, ele destaca que o teólogo não olha para a Igreja de maneira separada ou "estranha". Embora para ele seja necessário um rigor científico nas pesquisas e até metódico na busca da compreensão das ciências históricas e humanas, essas são parceiras do teólogo e não inimigas[54]. Mas dessa forma também é preciso entender que o teólogo precisa estar inserido na vida da Igreja e na fé, através de suas orações, meditação e vida com Deus. É só então que "dentro deste conjunto existe teologia". [55]

Todo esse período na vida de Ratzinger de certa forma foi uma preparação para os eventos posterior que ele viveria pessoalmente e na vida da Igreja no que se diz respeito aos eventos eclesiais. No período entreguerras, O jovem Ratzinger viu sua teologia ser colocada em prova na vida da Igreja e nos acontecimentos marcantes que dizem respeito a Igreja e seu avanço teológico. [56]

A teologia em si é o foco principal de Ratzinger. Para ele, tanto a Teologia quanto o Teólogo tomaram rumos diferentes no que se diz respeito a comunidade a partir do Vaticano II. Se antes a Teologia era vista como uma ocupação pequena dos clérigos, de certa forma tratada como um assunto abstrato e até mesmo elitista, a maneira com que se dá o concílio faz com que o fruto disso tudo fosse uma reorientação teológica que mudaria a maneira de ser analisada e tratada a partir desse movimento que surge com o concílio.[57]

Para Ratzinger o Concílio Vaticano II de fato foi uma verdadeira mudança "epocal" dentro da Igreja nas relações com o mundo, a teologia, a modernidade, e o diálogo entre fé com os tempos atuais.[58] O Concílio foi um evento muito importante para a Igreja e para o tempo em que ele estava inserido trazendo discussões e uma abertura futura que ainda tem gerado frutos ao longo do tempo. Ratzinger, por exemplo, olha para o Concílio Vaticano II como uma abertura para o mundo e percepção que o Concílio teria se colocado em oposição a uma paixão espiritual. Mas, o concílio estava defendendo de fato é que tudo que está em volta por forças cristãs, o concílio então não busca uma mundanizarão, mas sim uma abertura ao mundo. [59]

Na época pertencente ao concílio, Frings que havia assistido algumas aulas de Ratzinger o chama posteriormente para ser seu colaborador pessoal e assessor teológico. Ratzinger estava diante da história viva e participante da mesma. Parecia que ele sabia que "algo grande estava pra acontecer". O Concílio que anteriormente tinha sido convocado apenas duas vezes uma vez com o Concílio de Trento de 1545 até 1563. E outra vez no Vaticano I, convocado por Pio IX no dia 29 de junho de 1868. [60]

O Concílio agora é marcado por características distintas dos concílios anteriores. Afinal, o Vaticano II, não foi convocado para resolver "nenhum problema específico", como lembra bem Seewald. Mas, agora tinha uma intenção mais objetiva como falou Papa João sobre "trazer de novo para o tempo atual".[61]

Albino quando argumenta sobre as falas de Ratzinger sobre o concílio Vaticano II e sua função eclesial, ressalta que:

> "Ratzinger mostrou, além do mais, que o Vaticano II sugeriu três aberturas diante do mundo: o novo realismo da teologia, ou seja, cabe à teologia encarar as realidades como eles são e também a abertura às fontes; a segunda é discussão acerca das fronteiras da

Igreja (a abertura aos outros cristãos); e, por fim, ao complexo dos problemas de toda a humanidade".

Parece que o Concílio foi empregado com bastante vigor e organização na tentativa de ser "depósito sagrado da doutrina cristã seja guardado e ensinado de forma mais eficaz"[62]. Também na expectativa de unir o "patrimônio sagrado da verdade recebidos dos seus pais" e "olhar para o presente para as novas condições e formas do mundo hodierno que abriram novos caminhos ao apostolado católico". [63]

Ratzinger formulou até uma ideia pentecostal do concílio que o acontecimento em si não era uma vontade papal ou um desejo humano específico, mas "uma ideia que respondeu aos sentimentos daquela hora". [64] Ele chega a dizer que:

> "O Concílio, um Pentecostes... Não era apenas porque o papa João XXIII o formulou como um desejo, como uma oração, mas também porque foi uma interpretação exata das nossas experiências ao chegar à cidade conciliar: encontros com bispos de todos os países, de todas as línguas...e, portanto, uma vivência direta da catolicidade real, com esperanças pentecostais. Este era o sinal cheio de promessas dos primeiros dias do Vaticano II". [65]

Podemos identificar de maneira clara e constante o valor e contribuição sobre o Vaticano II na vida de Ratzinger e sua teologia. As conversas conciliares, as horas trabalhando em documentos, preparações e moções alternativas e o *"timing"* das intervenções dos bispos diante o concílio fizeram que a vida daquele professor universitário fosse introduzida na vida romana e numa experiência completamente nova. Ele mesmo chegou a dizer que os momentos de café com outros amigos e o "conhecimento da vida romana" fizeram com que ele pudesse ter sua vida profundamente marcada pelo concílio.[66]

Ratzinger após o concílio continua trabalhando firme e com sua preocupação teológica também a respeito do problema do desaparecimento de Deus do horizonte humano. Ele alertava que "Deus possa desaparecer do horizonte humano", onde suas preocupações sobre o tema são explícitas e diálogos, escritos e palestra sobre fé e razão também são escritas. [67]

Com o desenvolvimento da pesquisa veremos alguns dos temas importantes para sua produção teológica, sua vida e até mesmo pontificado que marcaram uma era na vida da Igreja. Onde poderemos perceber a liderança de um professor, um intelectual e um homem de fé que deixou com que seus seguidores sentissem falta do "seu discurso brilhante capaz de refrescar a mente e aquecer o coração".[68]

## 2.3 Texto "Democracia na Igreja possibilidades, limites e perigos"

Ratzinger descreve o problema histórico e teológico sobre a discussão da relação entre Igreja e democracia. Os novos tempos trouxeram mais uma vez a questão à tona, fazendo com que muitos setores de dentro da própria Igreja levantassem o debate no que diz respeito a essa relação da Igreja com a Democracia. [69]

Ele argumenta que em tempos em que a democratização é uma ideia popular não faltaram manifestantes que quiseram trazer para dentro da Igreja. Ele, exemplifica, por exemplo, que democracia é em primeiro lugar uma cifra da doutrina da salvação. Ele a denomina de "democracia total", definindo como não uma forma de governo, mas uma ausência total de governo, uma anarquia pura a verdadeira democracia. [70]

Ratzinger então faz algumas considerações sobre o que é a democracia, faz alguns lembretes sobre a natureza teológica sobre a Igreja e realiza uma ponte para a discussão da democratização na Igreja. Ele expõe em seu texto o problema ligado ao ideal democrático à utopia marxista de sociedade em classes, passando então pela ideia de homem, suas questões mais ligadas ao pensamento teológico de liberdade do homem. Ele diz que:

> "A falsidade de toda a concepção está na maneira errônea, que aqui prevalece, de entender o homem, que nessa visão, assume características divinas, visto como o ser de liberdade permanece aderente ao ressentimento contra os vínculos momentaneamente experimentados, e vai rematar na verdade aparente de um sonho que é irreconhecível o medo do despertar e o seus riscos". [71]

Por isso, em sua concepção é necessária uma crítica aberta à ideia de ilimitabilidade do indivíduo. Ainda sobre essa questão, ele argumenta que de modo até claro e imanente ao sistema existe uma inverdade antropológica desse conceito de liberdade. E então fica evidente um sério problema atual que diz respeito ao que ele chama de o homem que considera sua liberdade à própria pressão do sistema como a sua liberdade. É valido realizar uma crítica sobre as manipulações que o homem considerado livre acaba sendo preso no que se diz respeito, por exemplo, a indústria cinematográfica. Essa que, segundo nosso autor, é uma das grandes responsáveis por essa grande manipulação que acontece com a sociedade e o homem que se considera livre.[72]

Ratzinger ainda ressalta que para o entendimento teológico completo da discussão, é muito importante que haja uma análise da imagem do homem e do universo segundo a doutrina de salvação. Diferente de Rahner, Ratzinger diz que a discussão sobre a democracia da Igreja não pode partir desse discurso e que o ponto central desse debate de maneira sensata sobre a democratização da Igreja não deve seguir essa linha. [73]

Ele desenvolve seu texto através da discussão sobre o pensamento ocidental de democracia, da democracia constitucional, parlamentar, essa que não representa uma democracia direta, mas uma democracia de representatividade. Ao entrar de maneira mais clara no assunto sobre a democracia, Ratzinger expõe que "a democracia que encontramos hoje no ocidente não representa a democracia direta, mas uma forma de exercer a soberania e manter sob controle".[74]

Uma questão que explicita com clareza diz respeito a distância que a teologia católica se manteve durante muito tempo dessa discussão, afirmando que "a soberania popular estava ligada à questão do Estado, enquanto a Igreja defendia o direito divino". Se o Estado precisa cumprir seus objetivos e tem como fim o bem comum de seus cidadãos, a Igreja em si, não tem como finalidade o governo comunitário de valores ou bens. Mas, visa, tratar sobre o Evangelho de Jesus Cristo como uma verdade que seja exterior aos homens.[75]

Por isso a Igreja em seu regimento não assume a mesma posição que as instituições estatais e as comunidades políticas. Ratzinger então aponta para uma defesa da Igreja com outras prioridades como guardar que a palavra de Deus seja anunciada sem adulteração e pureza e que os sacramentos sejam administrados corretamente. Ele aponta que o regimento eclesiástico estrutural não assume a mesma posição que as instituições estatais da comunidade política. Afinal, o "interesse eclesial não é a Igreja em si, mas o Evangelho".[76]

Ratzinger afirma que, por conta disso, o ministério deve funcionar de maneira silenciosa e não deve urgir primeiramente a si. Existem muitos problemas desse tipo hoje em dia e segundo ele, esse é um deles em que a Igreja precisa passar por reformas de adaptação aos seus encargos para mudar a situação que se encontra. Ele faz um apontamento bem claro que a Igreja precisa se aperfeiçoar para não ficar ocupada apenas com si mesma, ou seja, "uma Igreja que faz falar demasiadamente de si, deixa de falar do que devia".[77]

Sendo assim, ele organiza seu texto na elucidação de alguns conceitos que permeiam a discussão sobre o ideal democrático e a Igreja. Conceitos como: carisma, sinodalidade, forma de colegialidade e povo de Deus, estes precisam ser considerados para que o tema trate a discussão em todos os âmbitos possíveis, seja no pensamento histórico eclesiástico, seja teológico. O emprego do termo "serviço" na espécie de uma função do ministério e da surpresa desse caráter do serviço acaba sendo um exemplo da inversão dos termos na Escritura a partir de uma interpretação errada e mentirosa dentro da história da Igreja. O conceito de carisma é abordado apontando para um princípio pneumático e não democrático. Historicamente não se pode atrelar a ideia do carisma como princípio democrático, e sim pneumático que não está disponível ou não destinado "a uma comum disponibilidade de baixo". O conceito de povo de Deus, é apontado no Concílio, aos capítulos de hierarquia e o laicato foi anteposto ao capítulo de povo de Deus, ao modo que um pertence ao outro igualmente. Ou seja, existe uma igualdade fundamental de todos os batizados, essa é uma realidade incontestável. Usar o termo "povo de Deus" em par de igualdade como o povo de uma nação, "povo alemão" por exemplo, não corresponde a uma realidade de igualdade, como muitos querem provar. E é somente através da transposição espiritual do termo utilizado no Antigo Testamento que o conceito ganhará sentido vicário. Essa transposição espiritual do termo no Novo Testamento se encontra na palavra *"ecclesia"*, (reunião), e é por isso um ativo que corresponde a palavra "povo de Deus".[78]

A Palavra *"ecclesia"* ainda indica para Ratzinger o encontro dos "cristãos para anamnese da morte e ressurreição de Cristo Jesus". Quando se trata da questão de governo e a estrutura sinodal da Igreja, ele afirma que o serviço de presidir a Igreja é um serviço imparticipável. A assembleia se reúne para anunciar a morte e ressurreição de Cristo. Mas o governo do bispado é um governo espiritual.[79]

Ratzinger faz um apontamento para o modo da estrutura sinodal da Igreja. Ele esclarece que Karl Rahner que aponta na sua dissertação para um governo compartilhado e democrático e vem ganhando espaço nos últimos anos não parece ter sido sustentado na história. A ideia de que os concílios de Trento e do Vaticano I foram formados por bispos e leigos e que mais tarde se transformou num concílio apenas de bispo é falsa, segundo Ratzinger. Em Atos 15 no "concílio dos Apóstolos", a reunião perante o público da Igreja todas as decisões eram encarregadas aos Apóstolos e Presbíteros. Já na Igreja da Antiguidade preservou então o mesmo modo e a forma dos concílios. E os concílios medievais, não eram concílios somente da Igreja, mas de toda a cristandade latina. O Concílio é a reunião dos bispos e não houve nenhuma alteração durante a Idade Média. [80]

Para Ratzinger essa ideia de um "sínodo misto como a suprema autoridade governamental das Igrejas nacionais" é chamada pelo nosso autor de "quiméricas", ou seja, fantasiosas.[81]

A exposição do tema da democracia ganha contornos bem claros no que se diz respeito à discussão do governo dos leigos na Igreja, essa responsabilidade eclesiástica para ele deve ser vinculada somente aos ordenados pelo ministério. A função de presidir a Igreja é um serviço participativo. Ratzinger encontra nas palavras de Maier sua linha de pensamento: "O governo de um bispado é, seguramente, um ato de poder espiritual. Seria inimaginável que um leigo o exercesse, afinal essa responsabilidade está vinculada à ordenação". [82]

A ideia sinodal se revela "obsoleta também quando opera no desenvolvimento social e político no geral". A ideia sinodal ainda precisa ser entendida com base na comunidade como um todo, e sobre o todo, "envolvimento dos indivíduos ou do indivíduo, poder coletivo domina a coletividade. Uma chamada de atenção do autor precisa ser considerada quando ele diz que "a política do evangelho não se reduz à prática em formas sinodalmente ordenadas, e sim como o livre apelo urge e liberta os que creem no campo da própria iniciativa." [83]

O apelo de Ratzinger diz respeito que o evangelho não suprime a pregação, e a sua propagação em associações internas da comunidade não precisam ter como objetivo ser a própria comunidade. Após as discussões teóricas e históricas sobre a defesa de uma Igreja democrática e a argumentação de que o trabalho eclesiástico muitas vezes não pode ser compartilhado, é preciso então perceber também que a igreja tem suas tradições democráticas e é necessário que a discussão avance para as possibilidades que existem do diálogo em quatro pontos de formas e possibilidades democráticas.[84]

Ele nos sugere quatro pontos em seu texto, e 1. A limitação radial do ministério espiritual e a consequente liberdade da 'sociedade' eclesial na efetivação das iniciativas subordinadas do Evangelho. 2. O caráter de sujeito das diversas comunidades e, a ele ordenada, a especial relação entre Igreja local e Igreja universal, a qual pertence aos traços característicos da construção da comunidade eclesial. 3. Em estreita conexão com isso, a estrutura colegial do clero, em que se mostra a vinculação da Igreja local com a Igreja universal. 4. O Magistério do sentido da fé, isto é, da infalibilidade do povo da Igreja como um todo, e a liberdade, a ela associada, da estrutura eclesial em relação aos eventuais estatutos políticos e sociais.

O que Ratzinger chama de limitação radial do ministério espiritual, por exemplo, já apareceu outras vezes na crítica a ideia sinodal, a preeminência na Igreja é uma preeminência no Evangelho. Sendo assim, a Igreja é a preeminência no Evangelho, fazendo com que seja presente e oferecido de forma obrigatória a missão de Jesus. Por isso essa veiculação ao Evangelho e a forma concreta de ser Igreja é ao mesmo tempo para a liberdade dos que creem é também o Credo da Igreja que salvaguarda contra as vontades pessoais e arbitrariedades de qualquer autoridade que seja.

O Credo, então como único conteúdo verdadeiro do ministério espiritual significa a integração da Igreja em unidade de fé nas palavras do próprio Ratzinger "tudo o mais, leva não a libertação, mas à tirania". [85]

A ideia de alguns setores da Igreja serem governados de maneira democrática é aceita pelo Ratzinger quando se diz respeito a setores como administração da Igreja, parte financeira e construções eclesiásticas, desde que não interfiram no Evangelho. Mas também é válido lembrar que essas questões e atividades não podem estar isoladas do núcleo da Igreja. Pensando nesse problema que nosso autor vai citar Hans Maier quando ele escreve que "a igreja não pode e nem deve se transformar numa democracia de partidos".[86]

Sobre o caráter dos sujeitos nas comunidades, ele demonstra no direito Canônico que toda pessoa através do seu Batismo obtém personalidade jurídica na Igreja. No entanto, ainda existem diversas classes dentro da hierarquia da Igreja como: o papa, os bispos, presbíteros e outros religiosos. Outro problema levantado pelo autor é a crescente discussão sobre a falta de um direito dos leigos. Para explicar a questão, ele aprofunda a discussão sobre o fundamento teológico no que diz o caráter da Igreja a partir da ideia de que a Igreja não é simplesmente povo, mas Assembleia. Sendo assim, ela segue reunida no culto divino e o reunir-se é lugar primário da Igreja. E então no que se diz respeito a Igreja universal não se deduz como algo adicional ou em um telhado organizacional apenas ficando exterior a Igreja. [87]

A Igreja se apresenta em seu caráter na unidade e o Senhor sendo integral em cada comunidade é um Senhor para a Igreja universal. A relação da estrutura colegial do clero é de extrema importância para o entendimento da discussão. A conexão entre comunidade, episcopado e presbiterado são intimamente ligadas. Uma atrai a outra e são recíprocas. Elas estão em uma relação de reciprocidade, são irreversíveis e não se podem resolver em modelos parlamentares, afinal elas são atribuições. Sendo assim, cada qual incube, no seu plano, a responsabilidade pessoal irreversível para com o Evangelho, na qual se exprime a indesviabilidade parlamentar da fé. [88]

E nenhum dos membros mencionados da hierarquia é autocrata. Na quarta questão então levantada por Ratzinger é a respeito da "voz do povo" como instância na Igreja. Ele faz um levantamento histórico sobre a tradição eclesiástica para lembrar ao leitor do fato de que toda vez que acontecem crises contra os soberanos sempre é apelado a comunidade dos fiéis e se aciona o elemento democrático áulico. Ele ressalta essa questão a partir da célebre frase de Ambrósio "O que é eclesiástico só pode ser decidido pela assembleia dos fiéis na Igreja". A posição de Ratzinger sobre o tema vai ganhando cada vez contornos mais claros sobre sua posição. Ele argumenta com muita firmeza que aqueles que bradam pela democratização da Igreja mostram menos respeito à fé comum das comunidades e só enxergam nessa voz da maioria dos fiéis a liberdade imanente ao sistema que deveria ser superada como negação da liberdade através do seu esforço crítico. Ele ainda faz uma crítica ao que ele chama a autodogmatização da Igreja, colocando na mesa que essa não será a salvação da Igreja do futuro. E por fim ele conclui dizendo que através do brado de guerra pela "democratização", de múltiplas significações e de tantos mal compreendidos, se esconde problema real e uma tarefa real, que apesar de suas muitas investidas em falso nada perderam do seu alcance. Cada tempo acaba trazendo oportunidade e perigos a Igreja e a hodierna. [89]

Ratzinger termina seu texto dizendo que:

"É uma insensatez e uma ausência de visão crítica pensar que só agora é que a Igreja pode cumprir adequadamente sua missão constitucional; não menos insensato e falto de crítica é julgar que hoje a Igreja nada tem a dizer, e pode se fechar tranquilamente no passado: a era da democracia é também e justamente um apelo a ela dirigido, ante o qual ela deve assumir uma posição ao mesmo tempo crítica".[90]

## 2.4 Texto "Compreender a Igreja Hoje".

O Texto analisado a seguir foi um discurso para o "Metting pela amizade entre os povos", organizado pelo movimento "Comunione e Liberazione" em Rímini. O tema de Ratzinger era "Uma comunidade em constante renovação". O texto se encontra no livro "Compreender a Igreja hoje: Vocação para a comunhão" A primeira parte do livro foi realizada para um curso ministrado por Ratzinger entre 23 e 27 de julho de 1990. A segunda parte que diz respeito ao capítulo analisado em si faz parte da conferência já citada anteriormente, que ocorreu em primeiro de setembro de 1990. [91]

Nosso autor inicia seu texto destacando que o tema central de sua palestra é a Igreja. O termo "Igreja" segundo ele, foi de certa forma evitado, pois provocam espontaneamente algumas defesas em muitas pessoas atualmente. Alguns têm a sensação de que já ouviram falar de mais desse termo e o que ouviram não "foi nada agradável. A palavra e a realidade da Igreja caíram em descrédito".[92] Parece que existe um clima desfavorável e que não será superado facilmente por uma reforma permanente.

Ratzinger faz algumas perguntas para elucidar sobre o porquê a igreja desagrada tantas pessoas, até mesmo alguns crentes, por qual motivo então essa palavra que outrora era falada com tanta liberdade e ouvida de uma maneira diferente agora traz para algum sofrimento? O Papa Começa a expor os motivos que podem fazer com que uma pessoa não queira saber da igreja e diz que:

"Alguns sofrem porque a igreja se adaptou demasiadamente aos critérios do mundo; outros se aborrecem, porque ela continua ainda muito longe deste mundo. Para a maioria das pessoas o primeiro motivo desse aborrecimento com a igreja é o de ser a igreja uma instituição semelhante a muitas outras e, como tal, limitar a liberdade. Esta sede de liberdade é a forma pelo qual se exprimem, hoje, a nossa ânsia de Redenção e o sentimento de que ainda não fomos salvos, de que ainda continuamos alienados. O clamor pela Liberdade que era uma existência que não seja cercada por predeterminações capazes de impedir meu próprio desenvolvimento ou o caminho que eu gostaria de trilhar". [93]

Ratzinger tratando sobre essa sede de liberdade e os desafios atuais, levanta seus olhos para uma questão muito importante que é a amargura de muitos para com a Igreja se dá também devido a Igreja ser "um objeto de esperança silenciosa". Ele chega a dizer que se espera que ela seja: "como uma ilha de vida é melhor em meio a tudo isto, um pequeno oásis de Liberdade, pra onde pudéssemos retirar nos de vez em quando". [94]

Isso faz com que as decepções e até mesmo a ira contra a Igreja sejam de um caráter particular, porque dela se espera "mais que todas as outras instituições mundanas". Ela deveria ser então um "a realização de um sonho e um mundo melhor".[95]

Ratzinger faz uma alusão a Gregório Magno sobre o mito da caverna, citando Platão sobre o gosto da liberdade e a sensação de "sair da caverna". Mas, ao que parece, a Igreja está muito longe desses sonhos e ela é "objeto de uma cólera particularmente amarga; cólera, todavia, o que não apaga o interesse pela igreja, porque não se pode extinguir sonho que nos levou a ela". [96]

A Igreja não é a representação desse sonho, Ratzinger ainda alerta para o desejo excessivo desse desejo onde a Igreja se tornaria um lugar para "gozarmos a liberdade, um espaço em que se rompam todos os nossos limites e onde experimentamos aquela utopia que deve existir em algum lugar". Ele ainda argumenta que para construir uma Igreja melhor é preciso de uma "Igreja plena de humanidade, plena de senso fraterno e criatividade, um lugar de reconciliação de tudo e para todos".[97]

Para isso, Ratzinger adentra de forma mais clara no que diz sobre democracia na Igreja como uma tentativa de iluminar a questão de uma possível reforma dentro da Igreja. Ele exemplifica que "existe uma receita clara para um primeiro passo. A Igreja não é uma democracia". Ele ainda ressalta que: "ela ainda não incorporou na sua constituição aquele patrimônio de direitos à liberdade que o iluminismo conquistou e desde então foi reconhecido como a regra fundamental das formações políticas e sociais".[98]

Nosso autor ainda fala dessa reforma e garante que essa ela, não deva ser feita de cima para baixo, mas quem é capaz de fazê-la, "somos nós que a faremos nova". Até a liturgia que se dá na Alemanha, segundo Ratzinger aponta não para "um esquema prefixado", mas deve surgir "da comunidade de forma concreta". Isso não, é algo que se realiza de forma "pré-concebida", mas feita através de si "por sua identidade".[99]

Existem diversas questões levantadas quando se diz respeito a essa "obra de reforma" da Igreja dentro do seu interior e de questões de direito de decisões e quem e com que base se faz isso. Ratzinger nos lembra que:

> "na democracia política este problema se resolve com o sistema de representação: nas eleições as pessoas escolhem os seus representantes, que tornaram decisões por elas. Este encargo é limitado no tempo e seu alcance circunscrito, em grandes linhas, pelo sistema partidário, e compreende somente aqueles aspectos da ação política que a Constituição atribui aos órgãos representativos. Mas também aqui encontramos um problema: a minoria deve curvar-se diante a maioria, e a minoria pode ser muito grande".[100]

Existe a preocupação ainda segundo Ratzinger que pode ser primordial no que se diz respeito ao princípio onde tudo o que "foi feito por um homem, pode ser anulado por outro". Afinal, nem tudo o que provém de gosto humano, pode agradar outros, ou seja, "tudo o que maioria decide pode ser revogado por outra maioria".[101]

A exposição do seu pensamento ganha contornos mais claros quando Ratzinger fala de uma Igreja que se baseia em decisões da maioria. Ele argumenta e sustenta a ideia de que: "Uma igreja que se baseia nas decisões da maioria torna-se uma igreja meramente humana". Para ele isso faz com que a Igreja se torne "fruto de meras opiniões". E isso pode se tornar um erro grande, pois a "opinião substitui a fé". Existe ainda um perigo no uso da fórmula "creio", pois ela no final das contas representa apenas segundo Ratzinger um "sinônimo de nós somos da opinião".

Por fim, as palavras de nosso autor deixam bem claro seu modo de pensar no que diz respeito o tema da Igreja e a ideia da democracia quando argumenta que: "Uma Igreja que se faz a si mesmo tem o sabor de "si mesmo" que desagrada a outros "si mesmos" e bem cedo revela sua insignificância"[102]. Então se chega à conclusão de que ela está reduzida ao domínio empírico como "uma Igreja que ninguém pode mais sonhar". [103]

2.5 Texto - "Liberar a liberdade". Verdade, valores, poder: Pedras-de-Toque de uma sociedade pluralista

Texto a seguir é um artigo escrito por Joseph Ratzinger em novembro de 1992 em decorrência do seu discurso de agradecimento por usa admissão na *Académie de Sciences Morales et Politiques*. Ao que nos conta Ratzinger o discurso de admissão era feito como uma tradição de homenagear seu predecessor. Que no caso dele era Andrei Sakharov, um "grande nome da física, mas também um homem apaixonado pela dignidade e liberdade do ser humano". [104]

Ratzinger faz questão de lembra que a figura de Andrei Sakharov era um homem que a partir da sua imagem e do que ele representava que a sociedade hoje deve se formar em liberdade e "sociedade esta em princípio estatal; o conteúdo ético da liberdade humana deveria ser pensado como uma realidade possível de viver sempre na responsabilidade comum" [105].

A proposta de Ratzinger é ainda tratar o tema da maneira mais concreta da na realidade e dos caminhos do seu próprio pensamento sobre o tema. Por isso ele começa o texto por um tópico chamado: 1. A liberdade, o direito e o bem. Princípios morais nas sociedades democráticas. [106]

Sakharov espera que as armas que tinham passados por melhorias nunca seriam usadas para explodir nenhuma cidade, mas em um brinde com um diretor de alto escalão percebeu que como respondeu o diretor, "isso não lhe dizia a respeito". Já naquela época, Sakharov percebeu e disse que "que nenhum homem pode renegar sua parcela de responsabilidade em um assunto do qual depende a existência da humanidade"[107].

Ratzinger ainda aponta que não é possível e não se pode por uma competência profissional se dá o direito de matar ou deixar de matar outros seres humanos devido à posição em que se está inserido.

Segundo ele, Sakharov sempre acentuou a ênfase para a responsabilidade do indivíduo em relação ao todo [108]. E por isso ele afirma que:

> "A negação de uma capacidade humana universal, de conhecimento daquilo que concerne ao homem enquanto homem, cria um novo sistema de classes e degrada todos, pois desses existiu o homem enquanto tal. A negação do princípio moral, a negação daquele instrumento do conhecimento que precede a todas as especializações, que chamamos de consciência, negam próprio homem"[109].

A partir do ano de 1968, Sakharov, deixa os seus trabalhos com o Estado e passa a se dedicar e representar de maneira mais clara e evidente a "exigência dessa consciência". Seu pensamento começa a se voltar para termos dos direitos humanos, valores comuns aos homens morais, uma renovação da moral no país e de fato se torou um acusador do regime que levou as pessoas a indiferença com o outro. [110]

Ratzinger destaca que com a queda do sistema comunista, a ideia de que a missão de Sakharov havia se concretizado e tinha sido um grande capítulo na história moral e que a partir de agora isso pertencia simplesmente à história em uma leitura passada, se torna um grande perigo e até mesmo "um erro grande".[111]

A mensagem de Sakharov não está distante da realidade presente ou não deveria estar. Para Ratzinger essa é uma questão de extrema atualidade até mesmo quando o contexto político em si não mais existe na atualidade. Afinal, essas ameaças que foram feitas pelo sistema institucionalizado, ainda continuam ameaçando os homens a partir dos partidos políticos que ainda de certo modo buscam "destruição da humanidade". Ou seja, ameaças ainda continuam existindo. [112]

*A liberdade individual e os valores comunitários,* são temas que Ratzinger coloca seu pensamento de maneira mais profunda a seguir. Devido às questões de Sakharov hoje nos encontramos diante de algumas questões como: o mundo livre pode estar frente a frente com a responsabilidade moral?

Ratzinger ainda esclarece que, "A Liberdade conserva sua indignidade apenas quando permanece ligada ao seu fundamento moral e à sua incumbência moral. Uma liberdade que consiste se unicamente nas possibilidades de satisfação das necessidades não seria uma Liberdade humana; ela permaneceria no âmbito do animalesco"[113].

Ele exemplifica que:

"A liberdade individual vazia anula se a si mesma, uma vez que a Liberdade dos indivíduos só pode substituir em um ordenamento das liberdades. a Liberdade precisa de um conteúdo comunitário, que poderíamos definir como a segurança dos direitos humanos. Dito mais uma vez, de outro modo, o conceito de Liberdade exige, em sua essência, que ele seja completado por outros dois conceitos: a justiça e o bem".[114]

É por isso que existe uma preocupação de entendimento que essa capacidade da consciência e "percepção dos valores fundamentais da humanidade", devam dizer a respeito de todos. Sendo assim, nosso autor ressalta que a liberdade não pode e nem deve ser requerida apenas para si. Pelo contrário, ela é "indivisível" e precisa ser "vista como uma tarefa para a humanidade inteira".[115]

A ameaça democrática nas modernas democracias se encontra com problemas na qual nós devemos nos preocupar quando, "a liberdade exige dos governos... que se inclinem diante dela, que permanece indefesa e incapaz de realizar qualquer violência"[116].

Ratzinger nos mostra que mesmo com o desenvolvimento do século presente, não existe uma evidência que nos garanta que estamos firmes e seguros "de toda a liberdade"[117]. Ele ainda usa de exemplo alguns acontecimentos presentes que demonstram essa fragilidade onde: "Neste século também experimentamos isso: a decisão da maioria sendo usada para a revogação da Liberdade".[118]

O niilismo e a absolutização do princípio da maioria são problemas que o a ingenuidade do Ocidente parece esconder uma liberdade "vazia e desorientada"[119]. Onde o não enfrentamento dessas questões farão com que a defesa da liberdade e dos direitos humanos serão colocadas em segundo plano caso isso não seja feito de maneira eficaz.

É então muito importante se voltar ao foco do problema e perceber a maneira que se possa reforçar a "justiça e o bem", contra as forças violentas e em forças de coação definidas arbitrariamente como possam surgir. Ratzinger aponta para a obra "Democracia na América de Tocqueville", para dizer que a convicção moral básica alimentada pelo cristianismo protestante que conferiu às instituições e mecanismos democráticos seus principais fundamentos".[120]

Ratzinger faz um apontamento importante sobre esses fundamentos, ele alega que sem as convicções morais em comum, "as instituições não podem se sustentar e nem ser efetivas". Essas convicções, segundo ele, não podem partir da razão "empírica" puramente. Ele ainda argumenta que, "privar-se das grandes forças Morais e religiosas da própria história é o suicídio de uma cultura e de uma nação".[121]

Esse senso de moral é essencial, segundo ele, e deve ser conservado, defendido e cultivado para um bem comum. Não deve ser imposto de forma violenta e sua forma de conservação deve ser "uma permanência da liberdade diante de todos os niilismos e suas consequências totalitárias".[122]

Isso para Ratzinger também é uma missão "pública" da Igreja na terra! Faz parte e concorda com aquilo que deve ser a "essência" da Igreja onde a sua separação do Estado e sua não imposição ao Estado continue intacta, onde podem ser livremente adquiridas pelos seus cidadãos. [123]

Ratzinger cita Orígenes para justificar seu pensamento quando ele diz que: "Cristo não vence quem não deseja ser vencido. Ele vence apenas pela convicção. Ele é, com efeito, a PALAVRA de Deus"[124]. Ele ainda argumenta:

"Não é da Igreja ser Estado ou parte do Estado, mais ser uma comunidade de convicções. É próprio dela, porém, que tenha consciência de sua responsabilidade por tudo e não se limite a si mesma. A partir da sua liberdade, ela tem de falar a liberdade de todos, de modo que as forças Morais da história permaneçam nas forças morais do presente e, com isso, surja sempre nova aquela evidência dos valores sem os quais a Liberdade comunitária não é possível"[125].

- O SIGNIFICADO DOS VALORES MORAIS E RELIGIOSOS NA SOCIEDADE PLURALISTA
A) RELATIVISMO COMO PRESSUPOSTO DA DEMOCRACIA?

Ratzinger aborda o tema dos sistemas totalitários e relembra devido às marcas desses sistemas nos últimos tempos, começou-se a se formar uma ideia que a democracia, mesmo que não sendo o modelo de uma "sociedade ideal", parece ser na prática a única forma de governo adequada para o presente momento. [126]

A democracia consegue realizar uma divisão e o controle de poder oferecendo com que a maior "garantia possível" contra o arbítrio e a opressão para que as liberdades individuais e o respeito dos direitos humanos possam ser respeitados. Quando se fala em democracia, atualmente se fala em liberdade e expressão dessa liberdade e na participação de todos nesse poder.[127] Ratzinger lembra ainda que na democracia, "ninguém pode ser apenas objeto de domínio, reduzindo-se a um ser subjugado; cada um pode contribuir com sua vontade na totalidade da ação política"[128].

Mesmo com a existência de "cogestores" na democracia, todos podem ser também verdadeiramente livres como cidadãos. O bem de todos é perseguido no intuito de conseguir com que as pessoas possam viver em liberdade e na distribuição de poder ou na "liberdade e igualdade para todos"[129].

Na democracia também encontramos o poder exercido por todos de certa forma e esse poder delegado conforme a mudança de tempo. Mesmo que isso acabe num período específico como a próxima eleição, requer que a vontade comum dos envolvidos no processo seja exercida através do poder ali representado. A "liberdade se estiver assegurada, o objetivo do Estado terá sido atingido". [130]

Quando se fala em democracia também é preciso considerar a ideia da liberdade individual das pessoas que vivem em uma comunidade específica. E o respeito por essa liberdade individual para Ratzinger não pode ser decidida pelo Estado. O Estado não pode ser um sustentador ou verificador da liberdade individual, ou da "verdade". Ele esclarece que, "a verdade sobre o bem, surge como algo que não pode ser reconhecido comunitariamente. Ela é algo discutível. Não faz parte de um bem público, mas um bem privado"[131]

Sobre o conceito de democracia ele ainda afirma:

> "O conceito moderno de democracia parece estar indissoluvelmente ligado ao do relativismo; o relativismo, porém, surge como autêntica garantia da liberdade, especialmente do seu centro essencial: a liberdade religiosa e de consciência"[132].

A respeito dos direitos humanos, esse não está sujeito ao mandamento da "tolerância e da liberdade", segundo Ratzinger eles são de fato o "conteúdo" da tolerância e da liberdade. Afinal, retirar ou até mesmo privar os outros os direitos delas não devem ser conteúdos que dizem respeito a justiça ou até mesmo sobre a liberdade. Seguindo essa lógica de pensamento, Ratzinger expõe que, "isso significa que parece irrenunciável, justamente para a democracia, a existência de um núcleo estável de verdade, de verdade ética, bem entendido"[133].

Em uma luta pelo entendimento do que são os valores comunitários válidos, ou então de como fundamentar os valores na relação entre a maioria e minoria, ou até mesmo do entendimento do que esse relativismo e como podemos lidar com essas questões a respeito da disputa da filosofia política pela verdade democrática, existem algumas questões na vida pública que precisam ser consideradas e entendidas. A justiça, para Ratzinger, "só pode ser entendida de modo puramente político, ou seja, justo seria apenas aquilo que fosse determinado como tal pelos órgãos constituídos para isso"[134].

Contudo, a democracia, então não deveria ser "definida" de modo puramente teórico ou formal. Não se pode fazer isso baseado em simplesmente olhando para uma disposição de regras que fazem com que a formação de uma base de maioria e a alternância de poder sejam usados apenas como um mecanismo para eleição e votação.[135]

Diante dessa questão está também a tese de que a verdade não é apenas "um produto da política(maioria)"[136]. Mas, ela antes de tudo, precede e traz luz para a ideia de que "não é a prática que cria a verdade, mas a verdade que possibilita a prática justa"[137]. Sendo assim:

> "A política e injusta e promove a Liberdade quando serve um sistema de valores e direitos que nos é mostrado pela razão. Diante do ceticismo manifesto das teorias relativistas e positivistas encontramos aqui, então, uma confiança fundamental na razão que pode mostrar a verdade".[138]

Ratzinger faz uma pausa na discussão filosófica e política e como um excelente teólogo parte para a leitura do texto bíblico de João 8:38 sobre "O que é a verdade". Ele inicia a reflexão usando o professor de direito Hans Kelsen com uma posição "estritamente relativista", para segundo ele apresentar o texto de "modo inequívoco" sua interpretação do texto.[139] Para Kelsen a pergunta de Pilatos é "expressão do necessário ceticismo político.[140]

A questão do Estado precisa ser analisada, segundo nosso autor, para o entendimento mais claro do que a democracia possa representar de fato na vida das pessoas a fim de que esse dilema possa ser respondido de uma melhor forma. Então Ratzinger, faz a seguinte pergunta: estado para quê?

O que de fato é o Estado, qual sua finalidade, ele existe e para o que ele não existe são questões que são lançadas luz para responder e dialogar melhor sobre a questão. O autor declara de forma bem objetiva e direta que "tarefa do Estado é a ordenação da convivência humana 9u seja, criar um equilíbrio entre a liberdade e bem que permita cada pessoa levar uma vida dignamente humana"[141]. Ou, podemos até dizer, segundo Ratzinger, que a existência do Estado é para "garantir a justiça como condição da liberdade e do bem-estar comum".[142] É por causa dessa questão, que o é uma obrigação do próprio Estado dirigir não somente a um exercício de poder, mas para uma defesa do direito e do bem-estar de todos os cidadãos[143].

Uma pontuação importante é feita pelo nosso autor a respeito da garantia da liberdade e bem-estar comum de todos. O estado não existe e nem e sua tarefa a produção de felicidade do ser humano, nem mesmo pretende "criar novos homens". Não é tarefa, segundo Ratzinger, transformar o mundo em um paraíso, afinal ele não é nem capaz disso. Pois para isso, ele precisaria se comportar como o próprio Deus e como aponta o Apocalipse, ele nessa tentativa de ser Deus se tornaria na Besta das profundezas ou no poder do Anticristo.[144] Para Ratzinger Romanos 13 e Apocalipse 13 que para alguns são textos controversos, para ele se torna bem claro quais as intenções dos dois textos.

Para Paulo em Romanos, vê o Estado como um "depositário da ordem", alguém que se estabelece dentro dos limites e "não se oferece como fonte de verdade e justiça". Já o Apocalipse o "Estado se coloca como Deus e estipula a partir de si, aquilo que deve ser considerado justo e verdadeiro". Um Estado que se comporta assim destrói o homem, acaba negando sua própria existência e partir disso não pode mais exigir nenhuma obediência. [145] Segundo Ratzinger quando o Estado sua ordem é vista como inimiga de uma ideologia, isso acaba sendo sinal de algo que na verdadeira essência ou existência do Estado permaneceu "consciente justamente nessa negação". O Estado enquanto Estado de fato "aponta para uma relativa ordenação da vida comunitária, mas não pode dar sozinho a resposta à questão da existência humana". A pergunta é como e de onde isso pode surgir. [146]

De onde as respostas contraditórias sobre as questões da democracia surgem é um tema que Ratzinger sublinha de uma forma especial a fim de exemplificar e esclarecer melhor seu pensamento. Por isso, ele começa essa discussão revisitando o tema da teoria relativista. Para ele existem questões para esse tema que são interpretações conciliadoras e uma delas é a respeito sobre a rígido relativismo baseado em Hans Kelsem. [147]

Outra, por exemplo, é a relação entre religião e democracia que para Kelsen, só podem trazer contornos negativos. E por causa disso o cristianismo está em uma contradição com o "necessário ceticismo da democracia relativista"[148]. Para ele significa que:

> "A religião significa, para ele, a heteronomia da pessoa, enquanto a democracia, ao contrário, implica autonomia. Isso significa, também, que o ponto essencial da democracia é a Liberdade e não o bem, que novamente surge como uma ameaça à liberdade"[149].

Um aspecto que Ratzinger chama atenção dos seus leitores é a respeito sobre a ideia que somente numa decisão majoritária se encontre a fonte do direito em si e isso faz com que isso se torne "sedutor em si". Segundo ele esse processo pode acabar indo em direção que sempre que algo não foi decidido pela maioria ou desejado isso se torne obrigatório para a maioria e então fica uma "impressão de que a maioria teve sua liberdade negada, e com isso, negada também a essência da democracia".[150]

É importante ressaltar também que a maioria comete erros e seus erros podem acontecer não apenas nas relações chamadas periféricas, mas podem colocar o bem comum e os bens fundamentais onde a dignidade humana e os direitos humanos não consigam mais ser garantidos e acabam destruindo então a liberdade. O grande perigo dessa constatação se diz respeito de que:

> "Pois o que são os direitos humanos e em que consiste a dignidade humana são noções que de forma alguma estão sempre evidentes para a maioria. Que esta última pode ser facilmente seduzida e manipulada é algo que foi dramaticamente demonstrado pela história do nosso século... E se a maioria como por exemplo, no caso de Pilatos tem sempre razão, a justiça tem então de ser pisoteada. Em última instância, o que de fato conta é o poder do mais forte, aquele que sabe angariar a maioria para si".[151]

Ratzinger vai tratar da tese metafísica e a tese cristã analisada pela estreita contraposição do relativismo cético visto por um olhar político de Platão. Não nos cabe aqui fazer uma análise longa do tema, mas nosso autor argumenta que Platão mesmo chega ao pensamento bíblico fundamental que a "verdade não é produzida pela política". Ele ainda ressalta que, "quando os relativistas acham isso, acabam se aproximando dos totalitários, apesar de buscarem o primado da liberdade". É então onde a maioria se torna uma espécie, segundo Ratzinger de "divindade contra qual não há nenhuma apelação". [152]

Ratztinger faz um apontamento para a filosofia política de Maritain onde ele fecundou sua teoria na teoria política e nas grandes instituições bíblicas e na Modernidade, o conceito de democracia se forma por dois caminhos. O primeiro caminho no âmbito anglo-saxão, onde a democracia foi pensada e até mesmo efetivada, com seus pensamentos na base das "tradições do direito natural, decerto compreendido totalmente pragmático, consenso fundamental cristão".[153] O segundo caminho se dá em Rousseau onde ao contrário do primeiro se volta completamente contra a tradição cristã. Ao que parece fica evidente que Ratzinger considera que Maritain desenvolve um tripo personalismo: o ontológico, o axiológico e o social. E o cristianismo é percebido então como uma fonte de conhecimento que "precede a ação política, iluminando-a"[154].

Percebe-se então um ponto crítico da teria da democracia, onde o otimismo na relação, aquilo que chamamos de "evidência da moral e do cristianismo, é combinado pelos relativistas", bem como a interpretação cristã.[155] Uma questão sobre uma posição mais conciliadora também é necessária e a discussão se existe evidências morais sobre o assunto são temas que também surgem no debate.

Antes de uma tentativa de resposta de fato sobre o dado que foi levantado Ratzinger afirma que é importante realizar uma análise de posições que não "se enquadram totalmente nem no primeiro e nem no segundo campo", são posições colocadas na luz para a discussão. V. Possenti que se colocou no meio de R.Nobbio, R.k. Popper e J. Schumpeter e Bayle são nomes que estão nesse debate. Bayle, por exemplo "faz parte de uma estrita separação entre a verdade metafísica e a verdade moral". Para ele, a vida política está fora da necessidade desta metafísica.[156]

Para Ratzinger um resumo de suas ideias a respeito desse texto é importante para que as questões sobre os conceitos possam ser bem analisadas.

> "O Estado não é uma fonte de verdade e moral, ele se quer é capaz de produzir "a verdade a partir de si mesmo". Não pode fazer isso baseado ideologia baseada do povo e nem através do voto da maioria. O Objetivo do Estado "não pode estar numa liberdade sem conteúdo. Para Ratzinger o "Estado deverá receber de fora o critério indispensável de conhecimento e verdade sobre o bem". Quando se diz fora, nosso autor está apontando para o "puro conhecimento da razão". [157]

A fé Cristã, por exemplo, quando se mostra uma religião universal e está numa cultura religiosa onde se oferece a razão como conhecimento moral está fundamentada numa fé razoável "moral" sem ela, ela seria incapaz de subsistir. De acordo com essa perspectiva, o Estado, "aquilo que o sustenta essencialmente; não a partir de uma mera razão, insuficiente na esfera moral, mas a partir de uma razão amadurecida na figura da fé histórica". [158]

Um último ponto importante por Ratzinger no texto e nesse breve resumo sobre o assunto é que a Igreja ainda continua sendo algo "fora" do Estado. E tanto ela quanto o Estado, só conseguem ser o que nasceram para ser se mantendo assim. A Igreja, na visão de Ratzinger precisa se conservar em sua própria essência e na sua "própria liberdade" por causa daquilo que ela foi chamada e para cumprir o serviço que lhe pertence.

Fazendo uma leitura até mesmo escatológica do assunto e encerrando o texto, Ratzinger declara que:

> "Se não quisermos cair de novo nas garras do totalitarismo, temos de olhar para além do Estado, pois o Estado é uma parte e não o todo. A esperança do céu não se coloca contra a confiança na terra, ela é a esperança também para a terra. Esperando pela grandeza maior e definitiva, devemos e temos, enquanto cristãos, de levar a esperança também daquilo que é provisório, aos nossos Estados do mundo". [159]

## Notas
[1] RATZINGER. J. Dialética da secularização. P.98
[2] RATZINGER. J. Dialética da secularização. P.99
[3] RATZINGER. J. Dialética da secularização. P.99
[4] RATZINGER. J. Dialética da secularização. P.100
[5] SARTO.P. O papa alemão. P. 11
[6] SARTO.P. O papa alemão. P. 11
[7] SARTO.P. O papa alemão. P. 12
[8] SARTO.P. O papa alemão. P. 13
[9] SARTO.P. O papa alemão. P. 13
[10] SARTO.P. O papa alemão. P. 13
[11] SARTO.P. O papa alemão. P. 14
[12] SARTO.P. O papa alemão. P. 15
[13] ALBINO. R. Bento XVI, a Igreja católica e o espírito da modernidade. P. 15
[14] ALBINO. R. Bento XVI, a Igreja católica e o espírito da modernidade. P. 15
[15] ALBINO. R. Bento XVI, a Igreja católica e o espírito da modernidade. P. 16
[16] ALBINO. R. Bento XVI, a Igreja católica e o espírito da modernidade. P. 16
[17] ALBINO. R. Bento XVI, a Igreja católica e o espírito da modernidade. P. 21
[18] ALBINO. R. Bento XVI, a Igreja católica e o espírito da modernidade. P. 22
[19] ALBINO. R. Bento XVI, a Igreja católica e o espírito da modernidade. P. 22
[20] ALBINO. R. Bento XVI, a Igreja católica e o espírito da modernidade. P. 22
[21] ALBINO. R. Bento XVI, a Igreja católica e o espírito da modernidade. P. 23
[22] COMBLIN.J. O povo de Deus.P.8
[23] ALBINO. R. Bento XVI, a Igreja católica e o espírito da modernidade. P. 25
[24] ALBINO. R. Bento XVI, a Igreja católica e o espírito da modernidade. P. 26
[25] ALBINO. R. Bento XVI, a Igreja católica e o espírito da modernidade. P. 26
[26] ALBINO. R. Bento XVI, a Igreja católica e o espírito da modernidade. P. 27
[27] ALBINO. R. Bento XVI, a Igreja católica e o espírito da modernidade. P. 29
[28] ALBINO. R. Bento XVI, a Igreja católica e o espírito da modernidade. P. 30
[29] ALBINO. R. Bento XVI, a Igreja católica e o espírito da modernidade. P. 31.
[30] ALBINO. R. Bento XVI, a Igreja católica e o espírito da modernidade. P. 31
[31] ALBINO. R. Bento XVI, a Igreja católica e o espírito da modernidade. P. 3
[32] SARTO.P. O papa alemão. P. 15
[33] SARTO.P. O papa alemão. P. 15
[34] SARTO.P. O papa alemão. P. 16
[35] SEEWALD. P. Bento XVI: a vida. P. 12
[36] SARTO.P. O papa alemão. P. 22
[37] SARTO.P. O papa alemão.Vol.2 P. 827
[38] SARTO.P. O papa alemão.Vol.2 P. 828
[39] SARTO.P. La Teologia de Joseph Ratzinger. P.102
[40] MANNION.G. Ratzinger Reader. P.8
[41] MANNION.G. Ratzinger Reader. P.9
[42] SARTO.P. La Teologia de Joseph Ratzinger. P.102
[43] SARTO.P. La Teologia de Joseph Ratzinger. P.102

⁴⁴ SARTO.P. La Teologia de Joseph Ratzinger. P.103
⁴⁵ SARTO.P. O papa alemão. P. 17
⁴⁶ SARTO.P. O papa alemão. P. 17
⁴⁷ RATZIGNER. J. Liberar a liberdade: fé e política no terceiro milênio. P. 5
⁴⁸ SARTO.P. La Teologia de Joseph Ratzinger. P.104
⁴⁹ MANNION.G. Ratzinger Reader. P.83
⁵⁰ SARTO.P. O papa alemão. P.252
⁵¹ SARTO.P. O papa alemão. P.253.
⁵² SARTO.P. O papa alemão. P.253
⁵³ SARTO.P. O papa alemão. P.255
⁵⁴ RATZINGER.J. Natureza e missão da teologia. P. 91
⁵⁵ RATZINGER.J. Natureza e missão da teologia. P. 91
⁵⁶ SARTO.P. O papa alemão. P.257
⁵⁷ RATZINGER.J. Natureza e missão da teologia. P. 87
⁵⁸ ALBINO. R. Bento XVI, a Igreja católica e o espírito da modernidade. 104
⁵⁹ ALBINO. R. Bento XVI, a Igreja católica e o espírito da modernidade.105
⁶⁰ SEEWALD. P. Bento XVI: a vida. P.486
⁶¹ SEEWALD. P. Bento XVI: a vida. P.487
⁶² SEEWALD. P. Bento XVI: a vida. P.488
⁶³ SEEWALD. P. Bento XVI: a vida. P.489
⁶⁴ SARTO.P. O papa alemão.P.264
⁶⁵ SARTO.P. O papa alemão.P.265
⁶⁶ SARTO.P. O papa alemão.P.265
⁶⁷ SEEWAALD. P. Bento XVI: O Último testamento. P. 14
⁶⁸ SEEWAALD. P. Bento XVI: o Último testamento. P. 19
⁶⁹ RATZINGER. J. Democracia na Igreja: possibilidades e limites. P. 6
⁷⁰ RATZINGER. J. Democracia na Igreja: possibilidades e limites. P. 6
⁷¹ RATZINGER. J. Democracia na Igreja: possibilidades e limites. P. 8
⁷² RATZINGER. J. Democracia na Igreja: possibilidades e limites. P. 10
⁷³ RATZINGER. J. Democracia na Igreja: possibilidades e limites. P. 10
⁷⁴ RATZINGER. J. Democracia na Igreja: possibilidades e limites. P. 11
⁷⁵ RATZINGER. J. Democracia na Igreja: possibilidades e limites. P. 13
⁷⁶ RATZINGER. J. Democracia na Igreja: possibilidades e limites. P.14
⁷⁷ RATZINGER. J. Democracia na Igreja: possibilidades e limites. P.16
⁷⁸ RATZINGER. J. Democracia na Igreja: possibilidades e limites. P.24
⁷⁹ RATZINGER. J. Democracia na Igreja: possibilidades e limites. P.25
⁸⁰ RATZINGER. J. Democracia na Igreja: possibilidades e limites. P.27
⁸¹ RATZINGER. J. Democracia na Igreja: possibilidades e limites. P.28
⁸² RATZINGER. J. Democracia na Igreja: possibilidades e limites. P.28
⁸³ RATZINGER. J. Democracia na Igreja: possibilidades e limites. P.29
⁸⁴ RATZINGER. J. Democracia na Igreja: possibilidades e limites. P.29
⁸⁵ RATZINGER. J. Democracia na Igreja: possibilidades e limites. P.34
⁸⁶ RATZINGER. J. Democracia na Igreja: possibilidades e limites. P.35
⁸⁷ RATZINGER. J. Democracia na Igreja: possibilidades e limites. P.35

[88] RATZINGER. J. Democracia na Igreja: possibilidades e limites. P.40
[89] RATZINGER. J. Democracia na Igreja: possibilidades e limites. P.44
[90] RATZINGER. J. Democracia na Igreja: possibilidades limites. P.44
[91] RATZINGER, J. Compreender a Igreja hoje: vocação para a comunhão. P. 83
[92] RATZINGER, J. Compreender a Igreja hoje: vocação para a comunhão. P. 83
[93] RATZINGER, J. Compreender a Igreja hoje: vocação para a comunhão. P. 84
[94] RATZINGER, J. Compreender a Igreja hoje: vocação para a comunhão. P. 84
[95] RATZINGER, J. Compreender a Igreja hoje: vocação para a comunhão. P. 84
[96] RATZINGER, J. Compreender a Igreja hoje: vocação para a comunhão. P. 85
[97] RATZINGER, J. Compreender a Igreja hoje: vocação para a comunhão. P. 85
[98] RATZINGER, J. Compreender a Igreja hoje: vocação para a comunhão. P. 85
[99] RATZINGER, J. Compreender a Igreja hoje: vocação para a comunhão. P. 86
[100] RATZINGER, J. Compreender a Igreja hoje: vocação para a comunhão. P. 86
[101] RATZINGER, J. Compreender a Igreja hoje: vocação para a comunhão. P. 87
[102] RATZINGER, J. Compreender a Igreja hoje: vocação para a comunhão. P. 87
[103] RATZINGER, J. Compreender a Igreja hoje: vocação para a comunhão. P. 87
[104] RATZINGER, J. Liberar a liberdade: fé e política no terceiro milênio. P. 77
[105] RATZINGER, J. Liberar a liberdade: fé e política no terceiro milênio. P. 78
[106] RATZINGER, J. Liberar a liberdade: fé e política no terceiro milênio. P. 78
[107] RATZINGER, J. Liberar a liberdade: fé e política no terceiro milênio. P. 80
[108] RATZINGER, J. Liberar a liberdade: fé e política no terceiro milênio. P. 80
[109] RATZINGER, J. Liberar a liberdade: fé e política no terceiro milênio. P. 80
[110] RATZINGER, J. Liberar a liberdade: fé e política no terceiro milênio. P. 80
[111] RATZINGER, J. Liberar a liberdade: fé e política no terceiro milênio. P. 81
[112] RATZINGER, J. Liberar a liberdade: fé e política no terceiro milênio. P. 81
[113] RATZINGER, J. Liberar a liberdade: fé e política no terceiro milênio. P. 82
[114] RATZINGER, J. Liberar a liberdade: fé e política no terceiro milênio. P. 82
[115] RATZINGER, J. Liberar a liberdade: fé e política no terceiro milênio. P. 82
[116] RATZINGER, J. Liberar a liberdade: fé e política no terceiro milênio. P. 82
[117] RATZINGER, J. Liberar a liberdade: fé e política no terceiro milênio. P. 83
[118] RATZINGER, J. Liberar a liberdade: fé e política no terceiro milênio. P. 83
[119] RATZINGER, J. Liberar a liberdade: fé e política no terceiro milênio. P. 83
[120] RATZINGER, J. Liberar a liberdade: fé e política no terceiro milênio. P. 84
[121] RATZINGER, J. Liberar a liberdade: fé e política no terceiro milênio. P. 84
[122] RATZINGER, J. Liberar a liberdade: fé e política no terceiro milênio. P. 85
[123] RATZINGER, J. Liberar a liberdade: fé e política no terceiro milênio. P. 85
[124] RATZINGER, J. Liberar a liberdade: fé e política no terceiro milênio. P. 85
[125] RATZINGER, J. Liberar a liberdade: fé e política no terceiro milênio. P. 85
[126] RATZINGER, J. Liberar a liberdade: fé e política no terceiro milênio. P. 106
[127] RATZINGER, J. Liberar a liberdade: fé e política no terceiro milênio. P. 106
[128] RATZINGER, J. Liberar a liberdade: fé e política no terceiro milênio. P. 107
[129] RATZINGER, J. Liberar a liberdade: fé e política no terceiro milênio. P. 107
[130] RATZINGER, J. Liberar a liberdade: fé e política no terceiro milênio. P. 107
[131] RATZINGER, J. Liberar a liberdade: fé e política no terceiro milênio. P. 108

[132] RATZINGER, J. Liberar a liberdade: fé e política no terceiro milênio. P. 108
[133] RATZINGER, J. Liberar a liberdade: fé e política no terceiro milênio. P. 108
[134] RATZINGER, J. Liberar a liberdade: fé e política no terceiro milênio. P. 109
[135] RATZINGER, J. Liberar a liberdade: fé e política no terceiro milênio. P. 109
[136] RATZINGER, J. Liberar a liberdade: fé e política no terceiro milênio. P. 109
[137] RATZINGER, J. Liberar a liberdade: fé e política no terceiro milênio. P. 109
[138] RATZINGER, J. Liberar a liberdade: fé e política no terceiro milênio. P. 109
[139] RATZINGER, J. Liberar a liberdade: fé e política no terceiro milênio. P. 110
[140] RATZINGER, J. Liberar a liberdade: fé e política no terceiro milênio. P. 110
[141] RATZINGER, J. Liberar a liberdade: fé e política no terceiro milênio. P. 111
[142] RATZINGER, J. Liberar a liberdade: fé e política no terceiro milênio. P. 111
[143] RATZINGER, J. Liberar a liberdade: fé e política no terceiro milênio. P. 111
[144] RATZINGER, J. Liberar a liberdade: fé e política no terceiro milênio. P. 112
[145] RATZINGER, J. Liberar a liberdade: fé e política no terceiro milênio. P. 112
[146] RATZINGER, J. Liberar a liberdade: fé e política no terceiro milênio. P. 112
[147] RATZINGER, J. Liberar a liberdade: fé e política no terceiro milênio. P. 113
[148] RATZINGER, J. Liberar a liberdade: fé e política no terceiro milênio. P. 113
[149] RATZINGER, J. Liberar a liberdade: fé e política no terceiro milênio. P. 113
[150] RATZINGER, J. Liberar a liberdade: fé e política no terceiro milênio. P. 114
[151] RATZINGER, J. Liberar a liberdade: fé e política no terceiro milênio. P. 114
[152] RATZINGER, J. Liberar a liberdade: fé e política no terceiro milênio. P. 115
[153] RATZINGER, J. Liberar a liberdade: fé e política no terceiro milênio. P. 115
[154] RATZINGER, J. Liberar a liberdade: fé e política no terceiro milênio. P. 115
[155] RATZINGER, J. Liberar a liberdade: fé e política no terceiro milênio. P. 116
[156] RATZINGER, J. Liberar a liberdade: fé e política no terceiro milênio. P. 117
[157] RATZINGER, J. Liberar a liberdade: fé e política no terceiro milênio. P. 119
[158] RATZINGER, J. Liberar a liberdade: fé e política no terceiro milênio. P. 120
[159] RATZINGER, J. Liberar a liberdade: fé e política no terceiro milênio. P. 122

# Capítulo 3
## O princípio democrático na avaliação; análise das ideias e noções

O Capítulo pretende realizar uma análise entre o pensamento de Joseph Ratzinger, a relação política e fé, a liberdade e a filosofia do direito e democracia enquanto sociedade e o governo da Igreja. Pontos de contato entre a teologia e a política, distanciamentos e comparações serão feitas a fim de refletir e entender melhor o seu pensamento.

Essa análise também pretende ser realizada no que diz respeito ao âmbito teológico do tema, pensamento no princípio democrático da Igreja, função da Igreja e seu papel. Para que a apresentação do tema seja realizada de maneira honesta, é preciso considerar o contexto em que o pontificado de Joseph Ratzinger aconteceu e rever apontamentos que nosso autor fez sobre política, democracia e liberdade.

Alcubierre argumenta que os textos de Bento XVI sobre a democracia, demonstram que as reflexões apresentadas não são reflexões comuns ou apenas repetições de argumentos já vistos sobre o assunto. Mas, existe uma "criatividade e frescor em seus textos", trazendo sempre um caráter de verdade e novidade nos textos. [1]

Para entender melhor esse contexto e as falas de Bento XVI sobre a democracia, Coccolini, por exemplo, faz um alerta interessante quando relembra o episódio do atentado terrorista de 11 de setembro de 2001 para fazer uma contextualização. Onde a partir dessa data marcante e trágica, discussões públicas sobre religião e seu papel público foram ganhando contornos cada vez mais vividos na esfera pública.[2]

É preciso ainda destacar, segundo Coccolini que Bento XVI não tentou desenvolver uma "teologia política", mas, uma investigação sob olhar teológico que acabam fazendo com que a prática política seja possível a partir da teologia.³ O pensamento teológico de Joseph Ratzinger quando ainda não tinha assumido o seu pontificado, é marcado por seus escritos enquanto teólogo (1953-2005) que ao longo do tempo dialogavam com a esfera pública. Até mesmo como foi visto no capítulo anterior, sua biografia marcada por grandes momentos decisivos da história não foi possível que ele ficasse alheio a realidade do seu tempo. ⁴

Coccolini aponta para influência dos escritos de Bento XVI recebidas por autores como Agostinho, E.Peterson, R. Guardini e H.Sclier, mas acontecimentos como o nazismo e sua juventude demonstram e marcam que a esfera política não ficaria de fora da sua reflexão teológica.⁵

Tendo em vista esse pano de fundo inicial, pode se perceber em seu pontificado então como os temas da esfera pública e política tomaram espaço e se tornaram pertinentes na sua reflexão teológica. Coccolini afirma que em nenhum momento dos oito anos de papado o discurso político não pudesse ser observado com "clareza" e "força", em seus encontros, escritos e viagens apostólicas.⁶ Albino chega a dizer que, "a relação entre fé e política, Igreja e Estado, Deus e César está muito presente na obra ratzingeriana tanto quanto em seu papado". ⁷ Eslava Também aponta que Ratzinger dedicou boa parte de seus escritos a essa relação da política e a fé, mesmo que essa não tenha sido sua área de dedicação primordial, é um tema que está sempre presente em sua reflexão.⁸

Não foram poucas vezes nos escritos, encíclicas e discursos que temas relacionados a política, ou relação Igreja/mundo ganharam destaque. Coccolini relembra que no discurso à autoridade civis em Westminster Hall (17 de setembro de 2010) a fala de Bento XVI se apresenta com muita força no campo teológico, social e político. Em outros momentos, Bento XVI afirmou que, "a religião e moral são suportes indispensáveis para a prosperidade política" por exemplo. [9] Ele ainda apontou para a sociedade democrática baseia-se em um "consenso social, e não na verdade para encontrar fundamentos éticos". Sendo assim Bento XVI indicava que a religião então deveria surgir no debate político na tentativa de "purificar e iluminar essa aplicação"[10].

Coccolini parece estar convicto da contribuição teológica de Bento XVI quando relembra que nos escritos de Jesus de Nazaré e na trilogia quando Bento XVI escreveu como "papa teólogo", temas como, "batismo, as tentações, evangelho do Reino, parábolas, confissão de Pedro, transfiguração de Jesus, discurso escatológico, morte e ressurreição não passam desapercebidos sua contribuição política sobre os temas[11].

Albino chega a dizer que, "A relação entre fé e política, entre a Igreja e o Estado estava no centro das atenções do Papa Bento XVI, claramente por sua função "temporal", como Chefe do Estado do Vaticano"[12]. Se o tema político/social não fugiu da reflexão teológica de Bento XVI enquanto Papa, em sua primeira Encíclica, por exemplo, fica clara mesmo que em poucas palavras a distinção entre o papel da Igreja e da política na tentativa de restabelecer "a justiça do mundo", como aponta Chavez. [13]

Bento XVI aponta que a tarefa principal da política deve ser o "o estabelecimento de uma ordem justa dentro da sociedade dentro do Estado. A política se torna uma simples técnica para determinar os órgãos públicos e sua meta deve ser a justiça". O Estado tem como papel em sai busca a ordem social e fazer com que os membros de uma sociedade possam ter suas garantias e bens comuns.[14]

Por outro lado, a doutrina social da Igreja deve buscar ajudar por meio de purificação da razão. Chavez ainda aponta para o pensamento de Bento XVI, quando a razão como um direito natural de todos os seres humanos e desempenha um papel melhor quando a fé ajuda a razão desempenhar um papel mais claro. [15] A Igreja também reconhece que não é seu papel fazer dessa doutrina uma doutrina política, mas fazer parte de uma questão interdisciplinar que envolvem a fé, teologia, e as ciências sociais[16].

Bento XVI, quando faz a retomada da Encíclica "Populorum Progressio" de Paulo VI, fala sobre "Cristo ser o fator de desenvolvimento dos povos". O papa ressalta que esse desenvolvimento "dê condições menos humanas a condições mais humanas.[17] Chavez por sua vez lembra que Bento XVI ao fazer isso revisitava novamente o assunto da pobreza, miséria, fome, problemas econômicos reais e como lidar com eles e até mesmo consolidação de pontos de regimes democráticos que fossem capazes de assegurar a paz e liberdade.[18]

Ao falar da primeira encíclica de Bento XVI, Chavez conclui que, *Dues Cáritas est*", o Papa apresenta fundamentos que se deve ser tarefa fundamental de toda ação política: a ordem justa da sociedade e do Estado. Enfatizando que a justiça é a origem e meta."[19]

Bellocq em seu artigo, "O papel da Igreja na política à luz dos ensinamentos de Bento XVI", lembra que Bento XVI teve uma produção teológica extremamente vasta, fazendo com que temas como a relação da Igreja e o mundo fosse abrangido de maneira rotineira.

Mesmo os escritos papais não sendo os mais específicos a respeito da doutrina social da igreja, sua contribuição foi de extrema importância na relação dos problemas sociais e políticos do tempo presente. [20] Bellocq relembra que mesmo o teólogo Joseph Ratzinger reconhecendo que seus escritos não estavam tão focados na doutrina social da Igreja e ele ter se dedicado a outros temas de forma mais específica, a doutrina social da Igreja foi completamente afetada pela sua contribuição teológica na reflexão de como a Igreja pode contribuir com a política.²¹

Em uma de suas contribuições já como Papa, Bento XVI, ao esclarecer o papel da Igreja afirmou que:

> "à ordem justa da sociedade e do Estado é uma tarefa principal da política. [...] A tarefa da política e a missão da Igreja Sendo uma tarefa política, esta não pode ser uma tarefa imediata da Igreja. [...] A Igreja não pode e não deve empreender sozinha o empreendimento político de criar a sociedade mais justa possível. Não pode e não deve substituir o Estado. [...] A sociedade justa não pode ser obra da Igreja, mas da política".²²

Essa junção do tema da fé com a política fez Ratzinger ter alguns cuidados quando o assunto entra na área relacionada a salvação. Ratzinger deixa bem claro em seus escritos que a salvação humana não pode ser relacionada ou associada com uma espécie de salvação política. A esperança cristã, por exemplo, só ganha contornos verdadeiramente vividos conforme a fé quando não tenta transformar qualquer pessoa ou programa político em agente de salvação. Ele ainda argumenta que a teologia e política se encontram apenas quando existe um respeito pela imagem bíblica do homem, onde se dá o devido valor a cada pessoa e sua liberdade.

Sendo assim, a fé não surge como uma incentivadora de programas políticos/econômicos, e muito menos oferece uma salvação através da política. Afinal, essa "salvação" política, só pode ser encontrada através do *"ethos"* humano.²³

Ratzinger chama esse domínio político de Estado, no qual ele associa o mesmo com a democracia ou com a forma democrática de governo. O Estado é uma vontade ou trabalho humano na tentativa de organização de sociedade que precisa ser sempre observado que não representa a existência humana. Os cristãos reconhecem o Estado, mas entendem os seus limites e por isso todo o domínio político precisa do auxílio do cristianismo²⁴.

Ratzinger ainda argumenta que existe, sim, um vínculo especial entre o cristianismo e o Estado. Essa ligação parte do entendimento de fato a democracia pluralista funcione é preciso de um equilíbrio entre a liberdade do Estado e a Igreja livre como comunidade dos crentes e proclamadora da verdade. É a partir disso que a fé cristã não pode e nem deve colocar limites ao pluralismo e a tolerância religiosa que envolve o Estado.[25]

Não foram poucas vezes que os temas relacionados a política e a fé se relacionaram, mesmo quando Ratzinger desempenhava outras funções dentro da Igreja até sua jornada ao Papado. Quando ainda era Cardeal, Ratzinger participou de um congresso em Munique sobre "Herança Europeia e seu Futuro Cristão" e falou a respeito de algumas ameaças que a democracia estava sofrendo, como nos aponta Mamede. Ele trata das raízes dessa ameaça dizendo que, existe uma incapacidade grande de aceitar que as coisas que envolvem os homens são imperfeitas. Mamede relembra o discurso de Ratzinger quando diz que, a dificuldade de aceitação da insegurança e fragilidade faz com que muitos, principalmente os mais jovens se abram para posturas anárquicas e de certa forma muitos até regimes totalitários.[26]

Uma problemática abordada por Ratzinger é a respeito de uma introdução de um messianismo que ele chama de profano[27]. A expectativa de redenção vinda da própria História faz com que esse "neo-messianismo" segundo Mamede traria uma certa confusão e até mesmo uma inversão de entendimento do conceito de *"ethos"* e estrutura como abordou Ratzinger. Ratzinger chegou a dizer que, não poderia ser o *"ethos"* que sustenta a estrutura, mas a estrutura que deveria sustentar o *"ethos"*.[28]

Na leitura de Ratzinger esse messianismo era perigoso conforme apresentado anteriormente. Ele também olhava para o marxismo como uma espécie de messianismo que se baseava na "esperança bíblica". Albino chega a dizer que Ratzinger observava, "que entre o clamor marxista e a esperança bíblica, ele encontrava na marxista uma opositora". Onde essa esperança colocava o homem no lugar de Deus.[29]

Se de um lado havia uma supervalorização do Estado, onde se podia colocar a confiança e expectativa que o Estado e suas estruturas poderiam trazer benefícios e até mesmo a construção de uma sociedade perfeita, Ratzinger percebeu que existia um profundo desprezo dos valores individuais e até mesmo de cada indivíduo. Para Ratzinger, essa consolidação da democracia era preciso reconhecer as imperfeições e constantes "ameaças das realidades humanas". Mamede ainda destaca que, "o maior inimigo da democracia era, portanto, a superstição materialista do paraíso da terra."[30]

Mamede em seu artigo constrói a sua argumentação baseado no pilar de que Ratzinger demonstrou ao longo de seus escritos, que nenhuma estrutura estatal de alguma democracia seria capaz de resolver ou dar soluções para os problemas da vida humana. Nenhuma reforma estrutural seria suficiente para atingir tais soluções, diferentemente da religião cristã. Ratzinger aponta ainda para uma ruptura da transcendência causada pelos ensinos e escritos de Marx, onde se colocou a expectativa de que isso traria soluções práticas para a construção de um mundo perfeito sem qualquer tipo de consolo ou ajuda transcendente. Mas, para Ratzinger fica claro o contrário. É na busca e no contato com a transcendência que o homem ainda vive nesse mundo imperfeito, mas vive com dignidade humana.[31]

Ideias como de Marx, Hegel e Bacon, incluídas com a contribuição marxista de que a existência humana e a transcendência estariam ou deveriam estar desassociadas em uma busca da perfeição, torna-se para Ratzinger ainda como Cardeal uma busca vazia e sem sentido[32]. Embora o cardeal Ratzinger entenda que existem limites para a interpretação cristã na influência e na vida política, ele aponta que a "democracia segue sendo um produto da interação entre a herança grega e cristã, e só pode sobreviver se reconectando e aprofundando suas raízes"[33].

É valido destacar que para Ratzinger o conceito moral presente no Ocidente tem como fio condutor primordial a religião cristã. O Estado, por sua vez seria incapaz de se manter sem essa base fundamental. No entanto, a teologia cristã e a política não pertencem o mesmo campo, ou se encontram em âmbitos diferentes. Ratzinger faz uma diferenciação do cristianismo e de algumas falsificações que surgem e diz que o "cristianismo nunca está situado num messianismo político".[34] O Novo testamento para Ratzinger aponta para um *"ethos"* político, mas não para uma teologia política em si.[35]

Ratzinger argumenta ainda no artigo exposto no capítulo anterior, (respostas contraditórias sobre a democracia pluralista – Liberar a liberdade), sobre o uso do Novo Testamento como um guia para os significados a respeito do ensino cristão. O tema do "novo céu e nova terra" tratado na expressão paulina: "Nossa cidade está nos céus" (Fl 3,20)[36] e outros autores neotestamentários tratam o céu não somente como um objetivo ou ideal distante da realidade. São, no entanto, expressões reais onde os cristãos caminham para lá[37]. O entendimento que os crentes em Jesus Cristo já vivem pela esperança escatológica de chegar nessa cidade, como diz Hebreus 13,14: "Não temos aqui cidade permanente, mas estamos à procura da cidade que está por vir"[38].

Convergindo com o pensamento de Mamede exposto em seu artigo, ao falar do problema da retirada da transcendência por meio das obras marxistas, por exemplo, Ratzinger argumenta que esses textos perderam espaços ou não são mais textos mais escolhidos, uma vez que "parecem afastar os homens da terra e impedi-los de sua missão intramundana".[39]

Esse esvaziamento da esperança celestial causado por alguns autores como Nietzche que disse: "Irmãos, permanecei fiéis à terra", os escritos marxistas que apontavam para que o homem se preocupasse apenas com a terra fez com que as pessoas deste tempo se afastassem da perspectiva da esperança escatológica na tentativa de resolver os problemas terrestres, como afirmou Bertolt Brecht: "deixemos os céus para os pardais".[40] Essa problemática segundo Ratzinger fez com que a "falta dessa atitude escatológica", teve um resultado inverso do esperado. Ratzinger argumenta que:

> "Essa atitude escatológica que garante ao Estado seu próprio direito e, ao mesmo tempo, o defende do absolutismo, na medida em que mostra os limites tanto do Estado quando da Igreja no mundo. Pois quando essa atitude básica é aceita, a Igreja se mantém consciente de que, aqui, ela mesma não pode ser Estado; que a cidadania definitiva está em outro lugar e que ela não pode erguer sobre a terra o Estado de Deus. Ela respeita o Estado terreno como uma organização própria do tempo histórico, com seus direitos e leis que ela reconhece. Ela exige, portanto, a convivência leal e colaboração com o Estado terreno também quando não há um Estado cristão"[41].

Nessa perspectiva, a atenção ou o olhar humano que se detém para a espera além daquilo que o mundo pode oferecer ou irão fazer exigências de tudo sobre o Estado fará com que a existência comunitária seja destruída. Ratzinger ainda aponta que umas das chaves para a sociedade não cair no totalitarismo é olhar para além do Estado, pois o "Estado é apenas uma parte, não o todo. A Esperança do céu não se coloca contra a confiança na terra, ela é esperança também para a terra". [42]

A pauta liberdade é um tema importante para a pesquisa, principalmente no que diz respeito a democracia, a democracia na Igreja e no entendimento da existência humana com alguns bens e valor como também a verdade. Ratzinger chega a dizer que, "na consciência dos homens, a liberdade aparece de longe como bem máximo".⁴³ Ratzinger alerta que mesmo dentro da liberdade do direito a liberdade de expressão, liberdade artística e de pensamento tem um valor moral inegociável⁴⁴.

Na declaração universal dos direitos humanos, a liberdade é um direito inato ao ser humano quando se nasce já livre e um direito disponível e ao longo da existência como garantia básica de humanidade ⁴⁵, a religião também pode se apresentar como uma "força libertadora" do homem e sua humanidade. Já a liberdade é um direito básico e fundamental a todos, ou ao menos deveria ser.⁴⁶

Em *Libertatis conscientia,* por exemplo, Ratzinger afirma que:

> "1. A consciência da liberdade e da dignidade do homem, conjugada com a afirmação dos direitos inalienáveis da pessoa e dos povos, é uma das características predominantes do nosso tempo. Ora, a liberdade exige condições de ordem econômica, social, política e cultural que tornem possível o seu pleno exercício. A viva percepção dos obstáculos que a impedem de se desenvolver e ofendem a dignidade humana encontra-se na origem dás fortes aspirações à libertação que hoje fermentam em nosso mundo⁴⁷."

Para Ratzinger a Igreja, mesmo com suas funções e propósito baseados na mensagem do Evangelho, ela é libertação para o homem. O tema da liberdade é um tema que segundo o nosso autor foi discutido em diversos momentos da história da Igreja e um tema relevante para a Igreja e comunidades eclesiais como também para a "dimensão ecumênica".⁴⁸

O tema da liberdade está completamente ligado ao contexto histórico do mundo moderno. Para Ratzinger "dos conceitos fundamentais da noção de modernidade é a liberdade".⁴⁹

Um tema de expressão e baliza para a discussão sobre a liberdade é a bíblia. Em João 8:32 (A verdade nos libertará)⁵⁰ é segundo Ratzinger um guia para as discussões do tema. A liberdade num contexto atual tem suas "raízes na primeira herança do cristianismo.[51] Esse entendimento se torna muitas vezes estranho para os homens que possuem uma visão cristã do mundo. Mas, a falta desse entendimento claro faz com que a história do Ocidente se torne incompressível aos olhares menos cautelosos.[52]

Essa tentativa de moderna de libertação do homem passa muito pela ideia de uma libertação política e social. O fim da dominação do homem, uma sociedade mais igualitária, justa e fraterna era o objetivo dessa busca recente. Ratzinger argumenta que essa tentativa de uma busca da liberdade, conseguiu avanços significativos nessa área. Questões como escravidão, igualdade de gênero, participação de todos nas tomadas de decisões do Estado e direitos foram conquistados[53]. No entanto, o marxismo que se apresentou com uma grande força política do século XX buscando essa nova criação de um novo mundo, fez com que o marxismo tenha se tornado o "espírito mais arrojado de nossa época.[54]

E embora essa tentativa tenha se tornado para muitos a viabilização das "práxis realista de libertação" na tentativa de instaurar o reino de Deus na terra de maneira justa e libertadora, para Ratzinger ganhou contornos tenebrosos com o passar do tempo. Ratzinger aponta para a derrocada do socialismo nos países do leste europeu para argumentar que embora essa esperança ainda continue a existir de intelectualmente, o fracasso político e econômico não conseguiu superar de maneira efetiva a expectativa levantada. Ele ainda lembra que além das grandes dificuldades de instauração prática disso, os grupos que aderiram ao sistema foram responsáveis pelo "o maior sistema de escravidão da história contemporânea. A extensão que alcançou a cínica destruição do homem e do mundo pode ser com frequência, vergonhosamente silenciada, mas nunca contestada".[55]

Esse processo de libertação deveria apontar para um processo que liberta ao homem na forma de pensar e de querer. Ratzinger ainda afirma que:

> "A liberdade de pensamento, como condição de busca da verdade em todos os domínios do saber humano, não significa que a razão humana deva fechar-se às luzes da Revelação, cujo depósito deus confiou à sua Igreja.[56]"

A liberdade ganha contornos ao longo da história, até mesmo divisórios em alguns casos, como argumenta Ratzinger ao lembrar da Idade Média. Para ele, Lutero, em seu escrito "da liberdade do homem cristão", faz um clamor de liberdade o que faz com que o ambiente que ele estava inserido entrasse em erupção. O mundo medieval ganha contornos bem diferentes a partir dali[57]. Se o tema da libertação ou liberdade adentrou no processo da história e ganhou espaço mudando realidades inteiras, é preciso lembrar também que o tema é completamente marcado por essa busca de liberdade e o processo de libertação.

Ratzinger acredita, segundo Silva, que o "diálogo deve ocorrer para conduzir a liberdade"[58]. Silva, ainda lembra que os escritos de Ratzinger sobre a criação que apontam que desde o início da humanidade o homem quer ser igual a Deus, para ser "completamente livre e realizar sua liberdade".[59] Embora, o homem consiga viver o "máximo" da liberdade quando responde "sim" a vontade do próprio Deus.[60] Como o tema da presente pesquisa trata sobre liberdade e democracia, Silva faz um apontamento interessante sobre a Revolução Francesa segundo Ratzinger quando diz que: "influenciada pelos ideais iluministas, começou com as ideias constitucionais democráticas influenciados por Locke, Kant e Voltaire". [61]

Ratzinger argumenta que baseados numa corrente anglo-saxônica "orientado para o direito natural que tende para a democracia constitucional como o único sistema de liberdade". A outra corrente, baseada no pensamento de Rousseau, tende "para a total ausência de soberania". Ratzinger aponta para a frase de Shiller que diz, "O homem foi criado livre, é livre ainda que tivesse nascido em grilhões", para justificar que "a liberdade não se concede a partir de fora" e o homem possui os seus direitos porque no afinal, o homem nasceu livre. Esse entendimento, aponta Ratzinger, mostra o pensamento da criação da carta magna dos direitos humanos, como vimos anteriormente, na tentativa de uma busca mais igualitária pela liberdade[62].

A discussão da liberdade parece não sobreviver para Ratzinger com a ausência da verdade. Ele chega a dizer de maneira clara que, "liberdade sem verdade não é liberdade".[63] Quando se fala da relação de liberdade, democracia e verdade, Ratzinger ainda alerta que, "o sentimento de que a democracia não seja ainda a forma certa da liberdade está bastante generalizada e se alarga cada vez mais". Ele ainda questiona ao dizer, "Até que ponto são livres as eleições?". Parece que quando se trata do problema da liberdade ela não consegue ser alcançada como aponta Silva nem no sistema capitalista e nem no sistema socialista. [64]

O perigo observado por Ratzinger sobre a sedução ou "namoro com soluções autoritárias, a fuga perante a incapacidade de lidar com a liberdade", mostra as dificuldades do tema. Embora a influência iluminista não tenha acabado e tenha se tornado ainda mais forte, é preciso pensar sobre a sedução autoritária. Com o entendimento de que existe limite na democracia, nosso autor aponta que existe um "clamor pela liberdade total se faz mais forte".[65] E então surge cada vez mais forte uma ânsia pela liberdade que se dá também contra ou de forma oposta a "lei e ordem", e as tradições e autoridades atualmente. Sendo assim, Ratzinger trabalha a ideia de que o "problema político, filosófico e religioso da liberdade se tornou indissolúvel"[66].

Silva ainda argumenta que:

"Na extrapolação de uma noção radical de liberdade, que o próprio Sartre experimentou em sua vida, é visível que a libertação da verdade não gera liberdade, mas a suprime. Para Bento XVI, a liberdade anárquica, no seu sentido radical, não redime o homem, mas faz dela uma criatura frustrada, um ser sem sentido.[67]"

Ratzinger chega a dizer que "uma liberdade sem sentido é o inferno humano." E a ausência da verdade e ausência de vínculo moral e metafísico faz com que a vida não se torne uma liberdade absoluta, mas um vazio absoluto[68]. Ratzinger no capítulo II do texto da *Libertatis conscientia* faz algumas perguntas que nos ajudam em nossa reflexão quando diz que, "Mas o homem sabe sempre o que quer? Pode tudo o que deseja?[69]

Parece não ser possível desassociar, liberdade, verdade e vontade, ou bens de valores. Todos estão interligados. Isso tudo faz parte da natureza do homem, e "frequentemente a vontade de um momento não é vontade real". Ratzinger ainda aponta que o homem sempre está em busca de algo a mais, muitas vezes, "quer mais do que pode", e sendo assim o homem se dá conta dos limites do próprio ser. Por isso, "sob pena de se destruir o homem deve aprender a conciliar a sua conta de com a sua natureza".[70]

Ratzinger faz um apontamento interessante que nos servirá de conclusão do "tema da liberdade" antes de entrarmos em outras questões pertinentes a pesquisa. Nosso autor afirma que "Na esfera social, a liberdade se exprime e se realiza em ações, estruturas e instituições, graças às quais os homens comunicam-se entre si e organizam a vida comum".[71] O ser humano ou o desenvolvimento de sua personalidade deve ser livre, e isso é "um direito e dever de todos, deve ser ajudado e não obstaculizado pela sociedade".[72] Para Ratzinger liberdade é então, "um bem, mas um bem somente se está interconectado com outros bens a partir do que fica claro o que é liberdade verdadeira e o que é liberdade aparente", a liberdade também está ligada ao outro, "liberdade é sempre uma liberdade dependente, uma liberdade com outros por meio dos outros".[73]

Em 22 de Setembro, de 2011 o Papa Bento XVI realizou um discurso no Palácio de Reichstag em Berlim ao parlamento alemão. Na oportunidade, Bento XVI começou seu discurso argumentando que o "compromisso do político deve ser em prol da justiça".[74]

Ao expor sobre a criação ou sobre a identificação daquilo que é justo de fato, Bento XVI faz um apontamento sobre as religiões que se diferem do cristianismo. Segundo o Papa, o cristianismo "nunca impôs ao Estado e à sociedade um direito revelado, nunca impôs um ordenamento jurídico derivado duma revelação". No entanto, o cristianismo apela para a razão e natureza como verdadeiras fontes do direito. Bento XVI ainda relembra que o nascimento da cultura jurídica ocidental se tornou imperecível para a cultura jurídica da sociedade como um todo.[75]

O Papa Bento XVI argumenta que:

> "Desta ligação pré-cristã entre direito e filosofia parte o caminho que leva, através da Idade Média cristã, ao desenvolvimento jurídico do Iluminismo até à Declaração dos Direitos Humanos e depois à nossa Lei Fundamental alemã, pela qual o nosso povo reconheceu, em 1949, «os direitos invioláveis e inalienáveis do homem como fundamento de toda a comunidade humana, da paz e da justiça no mundo».[76]"

A partir dessa perspectiva, Bento XVI, vai terminar seu discurso lembrando que o "patrimônio cultural da Europa", foi constituído com uma base na crença onde Deus é criador e as ideias que se desenvolveram a partir disso são ideias que regem a argumentação dos direitos humanos, "direito a igualdade perante a lei o conhecimento da inviolabilidade da dignidade humana em cada pessoa e a consciência da responsabilidade dos homens pelo seu agir. Estes conhecimentos da razão constituem a nossa memória cultural. Ignorá-la ou considerá-la como mero passado seria uma amputação da nossa cultura no seu todo e privá-la-ia da sua integralidade"[77].

Embora essa consciência cristã que guiou e até mesmo formou o pensamento sobre os direitos humanos e o direito e o papel do Estado de certa forma, Ratzinger entende muito bem o papel da Igreja diante o Estado, e é entende os "limites políticos da Igreja" nessa relação. Existe um entendimento de que a "Igreja jamais pode se transformar em unidade política de ação direta, a Igreja Católica é supra política, não se torna um instrumento político"[78].

Para Ratzinger a Igreja deve permanecer nos "limites de sua missão, para que ela não se torne parte do jogo das forças políticas e se perca, ela deve cuidar da alma da política, pois ela não é uma organização como as outras ou uma espécie de Estado. A Igreja não é um partido, mas um Corpo, Corpo de Cristo".[79]

Pensando nessa questão surge então o grande desafio da Igreja diante a modernidade como já visto anteriormente e com a democracia propriamente em si. Miceli em seu artigo chega a dizer que a Igreja Católica "esteve em desacordo com as mudanças sociais e políticas da modernidade"[80]. Maier, por exemplo, argumenta que durante muito tempo aconteceu de forma estranha os estudos teológicos e a democracia. O avanço do tema tardiamente e até mesmo de forma "tacanha", segundo Maier, começou de fato a se manifestar.[81]

Maier argumenta que a Igreja parece estar mais desarmada sobre o tema e a oposição que durou muitos anos e até mesmo, o menosprezo sobre o assunto causou um acúmulo de grandes proporções a respeito da temática, e que a recuperação em si do assunto, parte agora por um problema de que as falsas teorias democráticas enfrentam. Maier ainda argumenta que a consequência disso é: "por não se dispor de uma doutrina enucleada da democracia (política), torna-se difícil ver a exigência da democratização de todo o campo social como ela é: no âmago, um conceito totalitário.[82]" Maier ainda argumenta que a discussão sobre a democracia se limita a territórios de língua alemã e se detém a "prelúdios histórico-filosóficos".[83]

A discussão sobre a democracia parece não ser uma discussão central para a Igreja. Também é notório alguns incômodos na relação Igreja e democracia no que se diz a forma de governo da Igreja. Eslava apontou uma afirmação de Ratzinger que relembrava sobre a eleição democrática de Hitler e como a maioria pode ser cega e injusta.[84] Se de um lado é possível perceber algumas falas como essa de Ratzinger que apontam para um outro governo na Igreja que é não é o democrático, como por exemplo sua fala em "Compreender a Igreja hoje", quando ele diz que:

> "Uma Igreja que se baseia nas decisões da maioria torna-se uma Igreja meramente humana. Reduz-se ao nível do factível, do plausível, do que pe fruto das meras opiniões. A opinião substitui então a fé. Nas novas fórmulas de fé que conheço a expressão "creio" é simplesmente sinônima de "nós somos da opinião". Uma Igreja que se faz a si mesma tem o sabor de 'si mesma" que desagrada a outros "si mesmos' e bem cedo revela sua insignificância. Reduz-se ao domínio do empírico com uma Igreja assim ninguém pode mais sonhar"[85].

Ratzinger deixa claro que uma decisão de maioria pode ser derrubada "por outra maioria". Ele então adentra sua argumentação falando de uma "reforma" que de fato tenha sentido e valor para a Igreja. A argumentação toda permeia a noção de que "quanto mais quisermos decidir e agir na Igreja por conta própria, tanto menos haverá espaço dentro dela para as pessoas".[86] Para nosso autor, a possibilidade real da Igreja como libertação não se dá por meio ou por dentro dela mesmo e das vontades ou até "invenções", mas é algo precedente aos homens. A Igreja não pode ser gerida por "caprichos", pelo contrário, ela deve ser guiada pela "luz que nos vem do alto como irrupção da liberdade verdadeira".[87]

Para Ratzinger a Igreja, não deve e nem pode ser entendida por estruturas humanas, mas o mistério da Igreja só consegue ser compreendido "na sua maior profundidade se for enveredado por uma perspectiva sacramental". Esse "Novo Povo" que é a Igreja, surge da Eucaristia.[88] A Igreja então é chamada para Ratzinger de "Corpo de Cristo" é chamada para "ser sacramento de unidade". E tem como missão anunciar e testemunhar a encarnação de Deus em Jesus Cristo. A Igreja então orienta, lidera, ensina e informa através da graça na vida dos cristãos[89]. A Eucaristia é "cume" que a Igreja deve atingir[90]. A Igreja é instituída por Cristo e então é uma "visível comunidade de salvação".

Ratzinger ainda aponta para o entendimento que a caridade e o direito não estão ou não devem estar desassociadas, não deve haver distinção entre a Igreja visível e a Igreja invisível. E por isso a Igreja tem sua estrutura hierárquica, e as comunidades locais devem ser regidas por seus presbíteros e a presidência dos presbíteros. Mas essa questão não deve se prender a uma questão administrativa somente, mas a ideia de *comunhão*[91].

Nosso autor ainda chega a dizer em outro momento que a Igreja precisará continuamente de "novas estruturas humanas", para que ela possa agir e falar na época em que está inserida. Ratzinger chega a dizer que "Instituições eclesiásticas e ordenamentos jurídicos não são maus. Pelo contrário, são necessários e indispensáveis".[92] A problemática que se apresenta parece estar é que as estruturas envelhecem e muitas vezes ela se apresenta como essencial quando na verdade está desviando o olhar daquilo que realmente importa[93]. O Direito e a estrutura não são demonizadas por Ratzinger, pelo contrário. A questão do governo da Igreja e a relação com a democracia em si, existem alguns apontamentos em relação ao se pensamento que levam a reflexão sobre essa estrutura humana falha e que não pode se confundir com a origem, jeito de ser e missão da Igreja.

Mas, o Papa Bento XVI então, parece apontar e acreditar que a Igreja não deve se perder ou perder de vista aquilo que ela pode oferecer ao mundo, que é se manter "dentro do horizonte do eterno". As análises, leituras e as reformas precisam sempre partir desse ponto em questão. As estruturas humanas que existem ou discussões que possam existir dentro do governo e direção da Igreja precisam passar por esse entendimento. A Igreja "deve ser a ponte de fé e não pode, principalmente na vida de suas associações dentro do mundo, colocar-se como um fim em si mesma"[94].

Ratzinger ainda faz um apontamento para a participação massiva dos fiéis na perspectiva do envolvimento na práxis diária da Igreja. Ele chega a dizer que muitas das vezes parece que se pratica "uma espécie de terapia ocupacional eclesiástica", o que não garante para ele uma participação na fé em si. Uma pessoa, segundo Ratzinger, poder exercer "ininterruptamente as atividades de associações eclesiásticas" e ainda não ser cristã. E o contrário também pode acontecer. Para ele essa participação humana não é o que define se alguém é cristão ou não. A Igreja "não precisa ser mais humana; precisamos de uma Igreja mais divina, que será então realmente humana"[95]. As afirmações contribuem com a pesquisa dentro da lógica da democracia e da democracia de representação, afinal quando se trata de democracia a participação e envolvimento político/social das pessoas faz com que a democracia seja fortalecida e o estado democrático de direito, seja colocado em prática.

Ratzinger argumenta que:

> "A liberdade que nós, com razão, esperamos da Igreja e dentro da Igreja não se realiza pelo simples fato de introduzirmos nela o princípio da maioria. Ela não depende de que uma maioria mais ampla possível prevaleça sobre uma minoria estrita possível. Ele não depende de que alguém possa impor sua própria vontade aos outros, mas de que todos se sintam ligados à palavra e à vontade daquele único, que é o nosso Senhor e nossa liberdade...quanto mais estruturas nós construímos, ainda que sejam as mais modernas, tanto menos espaço existe para o Espírito, menos espaço para o Senhor e menos para a liberdade".[96]

Ratzinger em 1990 na Filadélfia nos Estados Unidos, na sua homilia toca em alguns assuntos que merecem destaque na presente pesquisa. O discurso realizado chama atenção pela temática e pela forma que Ratzinger expõe o problema da Igreja em Corinto e os problemas atuais da Igreja. A preocupação que surge ao apóstolo Paulo em Corinto que diz respeito a dissolução da Igreja em lutas partidárias onde os envolvidos acabam desenvolvendo cada um ao seu próprio modo a Igreja é um grande problema[97].

As perguntas de Bento XVI tais como: O que fazer para não nos tornamos partidos de Paulo ou Apolo, ou de Cefas, nem um partido de Cristo, mas sua Igreja? Que diferença existe entre um partido de Cristo e sua Igreja viva?"[98], nos ajudam a entender melhor ou refletir no âmbito acadêmico a problemática da Igreja, democracia e os partidarismos que envolvem a Igreja de Jesus. Bento XVI esclarece a dificuldade dos grupos inerentes e da política particular do indivíduo e a tentativa de transformar a Igreja em "minha", afinal, a "A Igreja sempre de Jesus". [99]

Se na democracia e na definição de Lincoln o *"governo do povo, para o povo, pelo povo*[100]*,* A Igreja para Ratzinger não consiste em um gosto pessoal, partido ou opinião. Ele ainda argumenta que a conversão transforma esse entendimento do homem, *"não o meu interesse, mas me entregue às mãos do Cristo e me torne seu"*[101]. A Igreja de Corinto parece basear o seu modelo de Igreja ou sua participação religiosa ao seu gosto e expectativa.

Na democracia, por exemplo, a participação popular pode ser expressa nas eleições de seus governantes, onde os gostos e interesses pessoais são colocados em votação e a maioria tem seus objetivos e preferências representadas. A democracia foi reconhecida como um direito fundamenta do homem na declaração dos direitos humanos na Virgínia em 1776 e na declaração dos direitos do homem em 1789. A expressão: "toda pessoa tem direito de participar no governo de seu país, diretamente ou por intermédio de representantes livremente escolhidos", tem um peso significativo no desenvolvimento e até mesmo na manutenção do Estado democrático de Direito.[102]

Zanetti afirma que: "O surgimento da democracia está umbilicalmente ligado ao modelo de exercício direto pelos cidadãos, que participavam pessoalmente das decisões fundamentais da sociedade"[103]. É então na vontade expressa de seus cidadãos que também se dá a democracia.

A Igreja, no entanto, segundo Bento XVI, encontra um problema real quando:

"Quando, porém, a vontade própria é determinante, já se deu a cisão, porque os gostos são muitos e contraditórios entre si. Desta escolha ideológica pode surgir um clube, um círculo de amigos, ou um partido, mas não uma Igreja que supera as oposições entre os homens e os une na paz de Deus. O princípio do qual surge um clube é o próprio gosto, mas o princípio sobre qual se funda a Igreja é a obediência ao chamado do Senhor, como hoje lemos no Evangelho: "Chamou-os e eles, deixando imediatamente o barco e o pai, seguiram Jesus" Mt 4,21". [104]

Essa distinção entre a Igreja e o pensamento democrático de Ratzinger é importante e bem objetivo ao seu pensamento. Bento XVI registra que que a fé é um elemento primordial para esse entendimento e um diferencial para a compressão deste princípio. A fé para Bento XVI. Não é um princípio de escolha de "programas que me convém ou ingresso em um clube". O entendimento que através da fé existe transformação de gostos e desejos pessoais é muito importante. Afinal, nesse sentido, Bento XVI argumenta que o que eu gosto se torna secundário após a adesão da fé.[105]

Um alerta importante ainda feito por Bento XVI é que, é de difícil imaginação atualmente a Igreja não estar também parecida com a sociedade onde o gosto ou vontade da maioria não seja expressa. É por isso então que, "Temos dificuldade de conceber a fé a não ser à maneira de uma opção por uma causa que nos agrada e pela qual gostaríamos de nos empenhar". O entendimento de que "nós fazemos a Igreja", é um entendimento que gera dificuldade, pois "nós" é quem queremos oferecer e agir em prol da Igreja. Ratzinger exemplifica que é preciso entender que quando trocamos o "nós" por "Ele age" a dinâmica de entendimento muda por completo. Portanto, agora Ele age e a Igreja deve obedecer a seus princípios e mandamentos. É isso que fará com que a Igreja abandonará seus gostos e existirá submissão a Ele. Ele afirma ainda de forma categórica que: "Cristo não é fundador de um partido nem filósofo religioso, aspecto este para o qual São Paulo nos chama enfaticamente atenção em nossa leitura (1Co 10,17). [106]

Se a fé é um elemento importante para o entendimento e não tornar a Igreja a nossos gostos e até mesmo votos, como foi visto. Albino ainda argumenta que existem dois problemas na visão Ratzingeriana que diz respeito a religião e política. O primeiro é o problema que faz com que a "política seja totalizante", ou seja, "lhe falta sentido que penetra mais fundo do que a ordem da economia"[107]. O Segundo perigo para Ratzinger é o afastamento total das duas áreas. Quando se chega ao entendimento que a "religião não tem nada a dizer a política", essa maneira de relacionar as duas impossibilita o diálogo na sociedade e atrapalha a relação entre fé e razão.

Albino expressa que em sua opinião é impossível entender o pensamento de Ratzinger sobre política sem olhar ao princípio do que ele considera como insubstituível que é a "lei ou direito natural".[108] Ratzinger acredita que "o universo é fruto da razão criadora divina". Albino chega a dizer que:

> "Isso é, então, a lei natural para Ratzinger: racionalidade objetiva, lógica oculta, ordem intrínseca, inscrita na natureza humana pelo Logos, pelo Criador. Mas, sobretudo, "a lei natural propriamente dita é ao mesmo tempo também lei moral"[109].

É preciso entender o que Ratzinger apresenta sobre a fundamentação e até mesmo a criação do direito para compreender com clareza o que Ratzinger argumenta sobre esse papel da Igreja, a política e a fé. Ratzinger entende que antes do discurso da política é preciso entender o discurso ou as bases "pré-políticas do Estado". Albino argumenta que para Ratzinger essa configuração do direito moderno e sua fundamentação por meio de Thomas Hobbes na afirmação a seguir: *"Auctoritas, non veritas facit legem"*. Ou, "a norma acha fundamentação, não numa realidade efetiva, racionalmente discernível, do justo e do injusto, mas sim na autoridade de quem está em situação de impô-la"[110]. Albino chega a dizer que "essa ideia é o teorema fundamental do positivismo jurídico". [111]

A noção de Ratzinger, portanto, ou até mesmo sua crítica, vai em direção a uma mudança de mentalidade no que diz respeito a política. Pois, com as mudanças na sociedade e na crença da impossibilidade ao acesso à verdade, existe uma ideia de que não há diferença na força legítima e até mesmo na violência arbitrária. E isso, só se dá por meio de uma imposição da maioria, ou do grupo mais forte. [112] Toda essa construção do pensamento ratzingeriano só faz sentido se a transcendência estiver presente na fundamentação do direito, ou seja, "sem transcendência, não há fundamento para o direito".[113]

Ratzinger na conferência para a Doutrina da Fé em 13 de maio de 2004, afirmou que o valor do homem, sua liberdade, dignidade, solidariedade e defesa de conceitos ou afirmações fundamentais da democracia e do Estado democrático de Direito eram fatores que faziam parte da Europa. Aquele discurso sobre a reflexão sobre a Europa, elucida também seu pensamento quando ele afirma que: "os princípios devem ser garantidos e só podem ser renovados por uma correspondente consciência moral"[114].

Albino vai na mesma direção quando aponta que Ratzinger incluía a Europa numa "racionalidade do direito e sua relativa autonomia em relação à esfera religiosa, e a dualidade de Estado e Igreja"[115]. Albino relembra, no entanto, que no pensamento ratzingeriana a Igreja ainda, sim tem papel no que diz respeito a área jurídica na defesa de seus princípios. Ratzinger por sua vez, chega a dizer que: "A Igreja terá de intervir na legislação e recordar sempre as grandes constantes humanitárias da organização social humana.[116]

O Entendimento de que a Igreja nessa relação com a política precisa ser "a guardiã dos fundamentos éticos do direito, ela tem de oferecer o seu contributo para que a contenda entre *utilitas* e *veritas*, a verdade não sucumbra". [117] Ratzinger ainda numa tentativa de alertar e até mesmo rejeitar o Estado como absoluto, chega a dizer que, "os representantes da Igreja não têm nenhuma legitimidade para agir no plano político". A relação da Igreja, no entanto, é de ser consciência e de agir em prol de uma "educação moral"[118]. Albino ainda argumenta que a tentativa de Ratzinger é fazer com que, "o poder político seja submetido ao direito e que não prevaleça o direito do mais forte, mas a força do direito"[119].

Quando se fala da análise da democracia moderna por Ratzinger, por exemplo, ele afirma que: "é um sistema de liberdades que se limitam e sustentam reciprocamente", e isso acaba implicando na proteção do direito e até mesmo na dignidade do indivíduo, no entanto, é possível que a cooperação "de todos os serviços do bem comum ou bem-estar comum, tanto do ponto de vista material como moral"[120].

No capítulo 2 de Catias in veritate, Bento XVI trata o termo desenvolvimento em algumas áreas como econômica, social e até mesmo política. E quando fala sobre esse desenvolvimento político, nosso autor entende que "a consolidação dos regimes democráticos capazes de assegurar a liberdade e a paz", fazem parte desse objetivo. Ele ainda afirmou sobre a Igreja que a, "A Igreja não tem soluções técnicas para oferecer e não pretender de modo algum imiscuir-se na política dos Estados, mas tem uma missão ao serviço da verdade para cumprir, em favor da sociedade à medida do homem, sua dignidade, da sua vocação"[121]. Fazio faz um alerta importante a respeito do pensamento de Bento XVI sobre sua relação entre a Igreja e a política. A intervenção pública da Igreja de caráter social e político estão no âmbito ou campo moral da discussão. Essa intervenção está a serviço da verdade, na tentativa de salvaguardar os valores e verdades morais, a justiça, liberdade e os direitos humanos[122].

Embora o tema da democracia e sua tentativa enquanto modelo de governo de abrir espaço aos seus cidadãos e deixar com que todos possam participar desse "governo do povo", seja na participação ativa, indireta ou nas eleições na tentativa de uma busca por um mundo mais igualitário e justo, Ratzinger entende que essa busca por um mundo justo e pelo desenvolvimento social se dá por meio de Jesus Cristo e seu Evangelho. Nosso autor argumenta que o mundo é igual para todos os homens e os cristãos têm como missão fazer com que o Espírito de Jesus Cristo consiga penetrar no mundo na vida de todos os homens. E então o que de fato a Igreja pode oferecer para o mundo não é então um modelo de mundo particular, mas, antes, ela deve oferecer, aquilo que só ele pode dar, que é a Palavra de Deus. O entendimento de que num mundo "tecnificado", a Igreja tem a obrigação de não entreter o homem para uma suposta edificação terrena, na tentativa de encontrar um mundo melhor, mas de levar o homem a palavra. [123]

## Notas

[1] ALCUBIERRE, J. Iglesia y democracia. P.281
[2] COCCOLLINI, G. Elementi teologico-politici del magistero di Benedetto XVI. P. 213
[3] COCCOLLINI, G. Elementi teologico-politici del magistero di Benedetto XVI. P. 213
[4] COCCOLLINI, G. Elementi teologico-politici del magistero di Benedetto XVI. P. 215
[5] COCCOLLINI, G. Elementi teologico-politici del magistero di Benedetto XVI. P. 215
[6] COCCOLLINI, G. Elementi teologico-politici del magistero di Benedetto XVI. P. 218
[7] ALBINO. R. Bento XVI, a Igreja católica e o espírito da modernidade. P.237
[8] ESLAVA.E. Poder, Justicia Y Paz. El Pensamiento Político de Jospeh Ratzinger. Disponível:em https://dialnet.unirioja.es/servlet/articulo?codigo=3981204. P.85
[9] COCCOLLINI, G. Elementi teologico-politici del magistero di Benedetto XVI. P. 223
[10] COCCOLLINI, G. Elementi teologico-politici del magistero di Benedetto XVI. P. 223
[11] COCCOLLINI, G. Elementi teologico-politici del magistero di Benedetto XVI. P. 225
[12] ALBINO. R. Bento XVI, a Igreja católica e o espírito da modernidade. P.277
[13] CHAVEZ, A. Fe y politica en Benedicto XVI. P. 382
[14] CHAVEZ, A. Fe y politica en Benedicto XVI. P. 383
[15] CHAVEZ, A. Fe y politica en Benedicto XVI. P. 383
[16] CHAVEZ, A. Fe y politica en Benedicto XVI. P. 384
[17] RATZINGER. J. Caritas In Veritate. 8 : Caritas in veritate (29 de junho de 2009) | Bento XVI (vatican.va)
[18] CHAVEZ, A. Fe y politica en Benedicto XVI. P. 390
[19] CHAVEZ, A. Fe y politica en Benedicto XVI. P. 395
[20] BELLOCQ. A. O papel da Igreja na política à luz dos ensinamentos de Bento XVI. P.81
[21] BELLOCQ. A. O papel da Igreja na política à luz dos ensinamentos de Bento XVI. P.82
[22] BELLOCQ. A. O papel da Igreja na política à luz dos ensinamentos de Bento XVI. P.84
[23] MANNION.G. The Ratzinger reader. P.133
[24] MANNION.G. The Ratzinger reader. P.133
[25] MANNION.G. The Ratzinger reader. P.134
[26] MAMEDE.B. O pensamento político do Cardeal Joseph Ratzinger. P.2
[27] RATZINGER, Joseph. Cristianismo y Democracia Pluralista: Acerca de la necesidad que el mundo moderno tiene del Cristianismo. P. 817
[28] RATZINGER, Joseph. Cristianismo y Democracia Pluralista: Acerca de la necesidad que el mundo moderno tiene del Cristianismo. P. 818

[29] ALBINO. R. A. O papa precisa de marxismo? Bento XVI e a incompatibilidade entre a fé cristã e a fé marxista. Disponível em: http://periodicos.pucminas.br/index.php/horizonte/article/view/3249/4353 P. 1044
[30] MAMEDE.B. O pensamento político do Cardeal Joseph Ratzinger. P.3
[31] MAMEDE.B. O pensamento político do Cardeal Joseph Ratzinger. P.3
[32] MAMEDE.B. O pensamento político do Cardeal Joseph Ratzinger. P.4
[33] RATZINGER, Joseph. Cristianismo y Democracia Pluralista: Acerca de la necesidad que el mundo moderno tiene del Cristianismo. P. 824-825
[34] RATZINGER, Joseph. Cristianismo y Democracia Pluralista: Acerca de la necesidad que el mundo moderno tiene del Cristianismo. P. 825
[35] RATZINGER, Joseph. Cristianismo y Democracia Pluralista: Acerca de la necesidad que el mundo moderno tiene del Cristianismo. P. 826
[36] BÍBLIA SAGRADA. Filipenses 3,20.
[37] RATZIGNER. J. Liberar a liberdade: fé e política no terceiro milênio. P. 121
[38] BÍBLIA SAGRADA. Hebreus 13,14.
[39] RATZIGNER. J. Liberar a liberdade: fé e política no terceiro milênio. P. 121
[40] RATZIGNER. J. Liberar a liberdade: fé e política no terceiro milênio. P. 122
[41] RATZIGNER. J. Liberar a liberdade: fé e política no terceiro milênio. P. 122
[42] RATZIGNER. J. Liberar a liberdade: fé e política no terceiro milênio. P. 122
[43] RATZINGER.J. Fé, verdade, tolerância: o cristianismo e as grandes religiões do mundo.P.209
[44] RATZINGER.J. Fé, verdade, tolerância: o cristianismo e as grandes religiões do mundo.P.209
[45] Assembleia Geral da ONU. (1948). "Declaração Universal dos Direitos Humanos" (217 [III] A). Paris. Art.1
[46] RATZINGER.J. Fé, verdade, tolerância: o cristianismo e as grandes religiões do mundo.P.209
[47] RATZINGER. J. Libertatis Conscientia: Sobre a liberdade cristã e libertação. Disponível em: https://www.vatican.va/roman_curia/congregations/cfaith/documents/rc_con_cfaith_doc_19860322_freedom-liberation_po.html. P.1
[48] RATZINGER. J. Libertatis Conscientia: Sobre a liberdade cristã e libertação. Disponível em: https://www.vatican.va/roman_curia/congregations/cfaith/documents/rc_con_cfaith_doc_19860322_freedom-liberation_po.html. P.1
[49] ALBINO. R. Bento XVI, a Igreja católica e o espírito da modernidade. P.265
[50] BÍBLIA, N. T. Bíblia Sagrada. João. Cap 8. Vers.32.
[51] RATZINGER. J. Libertatis Conscientia: Sobre a liberdade cristã e libertação. Disponível em: https://www.vatican.va/roman_curia/congregations/cfaith/documents/rc_con_cfaith_doc_19860322_freedom-liberation_po.html. P.1
[52] RATZINGER. J. Libertatis Conscientia: Sobre a liberdade cristã e libertação. Disponível em: https://www.vatican.va/roman_curia/congregations/cfaith/documents/rc_con_cfaith_doc_19860322_freedom-liberation_po.html. P.2
[53] RATZINGER. J. Libertatis Conscientia: Sobre a liberdade cristã e libertação. Disponível em: https://www.vatican.va/roman_curia/congregations/cfaith/documents/rc_con_cfaith_doc_19860322_freedom-liberation_po.html. P.3

[54] RATZINGER.J. Fé, verdade, tolerância: o cristianismo e as grandes religiões do mundo.P.211
[55] RATZINGER.J. Fé, verdade, tolerância: o cristianismo e as grandes religiões do mundo.P.211
[56] RATZINGER. J. Libertatis Conscientia: Sobre a liberdade cristã e libertação. Disponível em: https://www.vatican.va/roman_curia/congregations/cfaith/documents/rc_con_cfaith_doc_19860322_freedom-liberation_po.html. P.6
[57] RATZINGER.J. Fé, verdade, tolerância: o cristianismo e as grandes religiões do mundo.P.214
[58] SILVA. R. Bento VXI: Liberdade, tolerância e diálogo. Disponível em: https://revista.fajopa.com/index.php/contemplacao/article/view/288/325. P.48
[59] SILVA. R. Bento VXI: Liberdade, tolerância e diálogo. Disponível em: https://revista.fajopa.com/index.php/contemplacao/article/view/288/325. P.48
[60] SILVA. R. Bento VXI: Liberdade, tolerância e diálogo. Disponível em: https://revista.fajopa.com/index.php/contemplacao/article/view/288/325. P.48
[61] SILVA. R. Bento VXI: Liberdade, tolerância e diálogo. Disponível em: https://revista.fajopa.com/index.php/contemplacao/article/view/288/325. P.48
[62] RATZINGER.J. Fé, verdade, tolerância: o cristianismo e as grandes religiões do mundo.P.211
[63] RATZINGER.J. Fé, verdade, tolerância: o cristianismo e as grandes religiões do mundo.P.218
[64] SILVA. R. Bento VXI: Liberdade, tolerância e diálogo. Disponível em: https://revista.fajopa.com/index.php/contemplacao/article/view/288/325. P.52
[65] RATZINGER.J. Fé, verdade, tolerância: o cristianismo e as grandes religiões do mundo.P.219
[66] RATZINGER.J. Fé, verdade, tolerância: o cristianismo e as grandes religiões do mundo.P.220
[67] SILVA. R. Bento VXI: Liberdade, tolerância e diálogo. Disponível em: https://revista.fajopa.com/index.php/contemplacao/article/view/288/325. P.52
[68] RATZINGER.J. Fé, verdade, tolerância: o cristianismo e as grandes religiões do mundo.P.220
[69] RATZINGER. J. Libertatis Conscientia: Sobre a liberdade cristã e libertação. Disponível em: https://www.vatican.va/roman_curia/congregations/cfaith/documents/rc_con_cfaith_doc_19860322_freedom-liberation_po.html. P.6
[70] RATZINGER. J. Libertatis Conscientia: Sobre a liberdade cristã e libertação. Disponível em: https://www.vatican.va/roman_curia/congregations/cfaith/documents/rc_con_cfaith_doc_19860322_freedom-liberation_po.html. P.7
[71] RATZINGER. J. Libertatis Conscientia: Sobre a liberdade cristã e libertação. Disponível em: https://www.vatican.va/roman_curia/congregations/cfaith/documents/rc_con_cfaith_doc_19860322_freedom-liberation_po.html. P.9
[72] RATZINGER. J. Libertatis Conscientia: Sobre a liberdade cristã e libertação. Disponível em: https://www.vatican.va/roman_curia/congregations/cfaith/documents/rc_con_cfaith_doc_19860322_freedom-liberation_po.html. P.9

[73] RATZINGER. J. Libertatis Conscientia: Sobre a liberdade cristã e libertação. Disponível em: https://www.vatican.va/roman_curia/congregations/cfaith/documents/rc_con_cfaith_doc_19860322_freedom-liberation_po.html. P.9
[74] RATZINGER. J. Visita ao parlamento federal: Discurso Bento XVI: Disponível em: https://www.vatican.va/content/benedict-xvi/pt/speeches/2011/september/documents/hf_ben-xvi_spe_20110922_reichstag-berlin.html.
[75] RATZINGER. J. Visita ao parlamento federal: Discurso Bento XVI: Disponível em: https://www.vatican.va/content/benedict-xvi/pt/speeches/2011/september/documents/hf_ben-xvi_spe_20110922_reichstag-berlin.html.
[76] RATZINGER. J. Visita ao parlamento federal: Discurso Bento XVI: Disponível em: https://www.vatican.va/content/benedict-xvi/pt/speeches/2011/september/documents/hf_ben-xvi_spe_20110922_reichstag-berlin.html.
[77] RATZINGER. J. Visita ao parlamento federal: Discurso Bento XVI: Disponível em: https://www.vatican.va/content/benedict-xvi/pt/speeches/2011/september/documents/hf_ben-xvi_spe_20110922_reichstag-berlin.html.
[78] ALBINO. R. Bento XVI, a Igreja católica e o espírito da modernidade. P. 253
[79] ALBINO. R. Bento XVI, a Igreja católica e o espírito da modernidade. P. 253
[80] MICELI. A. Fundamentos alternativos: um diálogo com a modernidade e o papado de Bento XVI. Disponível em: https://www.tandfonline.com/loi/vpps20. P.19
[81] MAIER. H. Democracia na Igreja: possibilidades e limites. P. 52
[82] MAIER. H. Democracia na Igreja: possibilidades e limites. P. 53
[83] MAIER. H. Democracia na Igreja: possibilidades e limites. P. 53
[84] ESLAVA.E. Poder, Justicia Y Paz. El Pensamiento Político de Jospeh Ratzinger. Disponível:em https://dialnet.unirioja.es/servlet/articulo?codigo=3981204. P.97
[85] RATZINGER. J. Compreender a Igreja hoje: Vocação para a comunhão. P. 87
[86] RATZINGER. J. Compreender a Igreja hoje: Vocação para a comunhão. P. 87
[87] RATZINGER. J. Compreender a Igreja hoje: Vocação para a comunhão. P. 87
[88] MOZART. E. A Igreja povo de Deus na perspectiva teológica de Joseph Ratzinger. P. 102
[89] MANNION.G. Ratzinger Reader: Mapping a theological Journey. P.83
[90] MOZART. E. A Igreja povo de Deus na perspectiva teológica de Joseph Ratzinger. P. 102
[91] RATZINGER. J. O novo povo de Deus. P. 86
[92] RATZINGER. J. Compreender a Igreja hoje: Vocação para a comunhão. P. 88
[93] RATZINGER. J. Compreender a Igreja hoje: Vocação para a comunhão. P. 88
[94] RATZINGER. J. Compreender a Igreja hoje: Vocação para a comunhão. P. 88
[95] RATZINGER. J. Compreender a Igreja hoje: Vocação para a comunhão. P. 90
[96] RATZINGER. J. Compreender a Igreja hoje: Vocação para a comunhão. P. 90
[97] RATZINGER. J. Compreender a Igreja hoje: Vocação para a comunhão. P. 99
[98] RATZINGER. J. Compreender a Igreja hoje: Vocação para a comunhão. P. 100
[99] RATZINGER. J. Compreender a Igreja hoje: Vocação para a comunhão. P. 100

[100] ZANETTI.B. Democracia. P. 1. Disponível em: h t t p s : / / semanaacademica.org.br/system/files/artigos/democracia_-_artigo_-_bruno_marco_zanetti.pdf.
[101] RATZINGER. J. Compreender a Igreja hoje: Vocação para a comunhão. P. 100
[102] ZANETTI.B. Democracia. P. 2. Disponível em: h t t p s : / / semanaacademica.org.br/system/files/artigos/democracia_-_artigo_-_bruno_marco_zanetti.pdf.
[103] ZANETTI.B. Democracia. P. 3. Disponível em: h t t p s : / / semanaacademica.org.br/system/files/artigos/democracia_-_artigo_-_bruno_marco_zanetti.pdf.
[104] RATZINGER. J. Compreender a Igreja hoje: Vocação para a comunhão. P. 100
[105] RATZINGER. J. Compreender a Igreja hoje: Vocação para a comunhão. P. 100
[106] RATZINGER. J. Compreender a Igreja hoje: Vocação para a comunhão. P. 101
[107] ALBINO. R. Bento XVI, a Igreja católica e o espírito da modernidade. P. 259
[108] ALBINO. R. Bento XVI, a Igreja católica e o espírito da modernidade. P. 260
[109] ALBINO. R. Bento XVI, a Igreja católica e o espírito da modernidade. P. 260
[110] ALBINO. R. Bento XVI, a Igreja católica e o espírito da modernidade. P. 260
[111] ALBINO. R. Bento XVI, a Igreja católica e o espírito da modernidade. P. 260
[112] ALBINO. R. Bento XVI, a Igreja católica e o espírito da modernidade. P. 262
[113] ALBINO. R. Bento XVI, a Igreja católica e o espírito da modernidade. P. 263
[114] RATZINGER, J. Europa seus fundamentos espirituais ontem, hoje e amanhã. P.12
[115] ALBINO. R. Bento XVI, a Igreja católica e o espírito da modernidade. P. 263
[116] RATZINGER, J. Deus e o mundo: a fé cristã explicada por Bento XVI: uma entrevista com Peter Seewald. P. 375
[117] ALBINO. R. Bento XVI, a Igreja católica e o espírito da modernidade. P. 264
[118] ALBINO. R. Bento XVI, a Igreja católica e o espírito da modernidade. P. 264
[119] ALBINO. R. Bento XVI, a Igreja católica e o espírito da modernidade. P. 264
[120] RATZINGER, J. Obras completas de Joseph Ratzinger. V.12. P.161
[121] RATZINGER, J. Caritas in veritate. Disponível em: https://www.vatican.va/content/benedict-xvi/pt/encyclicals/documents/hf_ben-xvi_enc_20090629_caritas-in-veritate.html.
[122] FAZIO, M. Al César lo que es del César: Benedicto XVI y la libertad. P. 77
[123] RATZINGER, J. Palabra em la Iglesia. P. 163

# Conclusão

A presente obra se preocupou em primeiro lugar em analisar as definições de democracia, verbetes e seus significado. O termo foi apresentado para o melhor entendimento desde o início de seu funcionamento a partir de Atenas até os dias atuais enquanto forma de governo seus mais variados tipos de democracia presente nas sociedades atuais. Passar pelo início das discussões sobre a democracia e seus autores básicos foi necessário para um melhor entendimento do tema. Temas como liberalismo, ideologia, democracia de representação e a participação direta da sociedade foi abordada durante a pesquisa. A democracia consiste numa análise muito antiga e uma das primeiras aparições sobre o tema surgem entre 650-600 anos antes de Cristo segundo Lago.[1]

Isso reforça ainda mais o desafio da atual pesquisa. Afinal, o tema, o conceito, o verbete e a forma de governo foi motivo de estudo, analises e comparações das mais diversas possíveis ao longo do tempo. Esse processo de amadurecimento da democracia como conceito, muitas vezes discutidos além da forma de governo como registra Azambuja.[2]

Uma leitura do seu funcionamento enquanto forma de governo na Brasil também foi realizada para que o entendimento do seu conceito de povo e sua participação ficasse mais clara na discussão sobre a participação pública e suas demandas no que se refere os três poderes na manutenção da democracia no Brasil enquanto exemplo e na organização do Estado democrático de Direito. Apontar a função de cada poder dentro do Estado e suas atribuições foi importante pra apontar de maneira geral como a democracia é complexa em si mesmo e até mesmo de difícil implementação em sua totalidade. Essa dificuldade não se dá apenas em sua implementação, mas também em suas definições.[3]

Temas relacionados a liberdade de ir e vir, liberdade de expressão e manutenção dos direitos e garantias fundamentais também foram abordados, pois ambos fazem partes do ambiente democrático e da participação política e social que os cidadãos estão inseridos numa democracia Ocidental.

Pensando a luz desse desafio complexo de entender, compreender, destrinchar os termos, verbetes e funcionamento, a inclusão das ideias de Joseph Ratzinger é de importância notória, não somente para o campo da ciência da religião e teológico. Se torna importante por causa do seu papel enquanto líder da Igreja Católica no mundo e suas frequentes falas a respeito do diálogo entre a sociedade, política, razão e fé. O tema se torna abrangente em seu pensamento, pois se enquanto teólogo ele foi brilhante, como pensador do seu tempo e como uma autoridade civil importante de sua era, suas palavras ganharam peso e importância ímpar na tentativa de implementar uma sociedade justa baseadas em direitos fundamentais dos homens, e isso inclui o ambiente democrático. Afinal, Ratzinger mesmo acreditava que sua função enquanto teólogo deveria se lembrar de se entrelaçar e dialogar com outros campos das ciências históricas e humanas.[4]

A discussão da democracia adentra no ambiente eclesiástico, fazendo com que o tema não ficasse distante da discussão dentro mesmo da Igreja Católica em seus mais variados setores.[5] Esse apelo popular para que a ideia de democratização não ficasse de fora do ambiente da Igreja fez com que Ratzinger falasse abertamente sobre o tema e colocasse sua opinião não somente diante os fiéis, mas também diante toda uma sociedade. A exposição direta da ideia de uma Igreja democrática em relação ao Estado, faz com que ele ressaltasse que o direito que governa a Igreja é divino.[6]

Um ponto focal em todo seus apontamentos se dão na diferenciação entre a finalidade do Estado e a finalidade da Igreja. Essa diferenciação e apontamento para uma Igreja que fala de Jesus Cristo aos homens não se esquecendo de uma prática transcendente, faz com que as questões não se misturem trazendo dificuldades graves tanto a sociedade quanto a Igreja. A opinião de Ratzinger sobre as decisões da maioria nos fazem perceber que por mais que os temas sejam complementares de certa forma, os governos civis e eclesiais não seguem o mesmo padrão segundo nosso autor. A Igreja não se baseia nas decisões da maioria, ele afirma. [7]

Isso não significa que as liberdades individuais não devam ser consideradas. A liberdade, tolerância e paz, são ideais presentes no pensamento do autor e até mesmo defendidas para que a democracia e o Estado possam de fato cumprir o seu papel.[8] Embora ele exerça seu papel de pensador e faça críticas a democracia também enquanto modelo de governo, suas maiores preocupações estão no campo teológico com o a fundamentação de uma Igreja governada por gostos e vontades pessoais. Afinal, o elemento da fé, ajuda a fazer com que essa diferenciação de áreas e objetivos entre o Estado e da Igreja se tornem cada mais claros cada um exercendo sua própria função.

Sendo assim a separação entre a Igreja e Estado continua viva no pensamento de Joseph Ratzinger sem menosprezar ou até mesmo tentar diminuir nem o papel da Igreja e nem o papel do Estado. Cada um com seu funcionamento próprio e com objetivos bem traçados. A discussão da fé e razão ou sociedade e Igreja não deixa de ser também uma discussão teológica de Joseph Ratzinger e que precisa ganhar espaço e voz cada vez mais na sociedade em que estamos inseridos, fazendo assim com que o tema da democracia avance na manutenção da garantia dos direitos fundamentais e que a Igreja consiga cumprir seu papel para a sociedade em levar cada homem e cada mulher a palavra.[9]

## NOTAS

[1] LAGO,D. Brasil Polifônico. P.94
[2] AZAMBUJA,D. Teoria Geral do Estado. P.338
[3] AZAMBUJA,D. Teoria Geral do Estado. P.360
[4] RATZINGER,J. Natureza e missão da teologia. P. 91
[5] RATZINGER,J. Democracia na Igreja: possibilidades e limites. P.6
[6] ATZINGER,J. Democracia na Igreja: possibilidades e limites. P.10
[7] RATZINGER, J. Compreender a Igreja hoje: vocação para a comunhão. P. 86
[8] RATZINGER, J. Liberar a liberdade: fé e política no terceiro milênio. P. 108
[9] Ratzinger, J. Palabra em La Iglesia. P. 163

# Referências

ALBINO, R. **Bento XVI, a Igreja Católica e o "Espírito da modernidade".** São Paulo: Paulus,2012.
ALBINO. R. A. **O papa precisa de marxismo? Bento XVI e a incompatibilidade entre a fé cristã e a fé marxista.** <http://periodicos.pucminas.br/index.php/horizonte/article/view/3249/4353 P. 1044> Acesso em: Dia, Mês. Ano.
ALVES, Thiago. **A democracia participativa na Constituição Federal de 1988.** P. 105
AZAMBUJA, D. **Teoria Geral do Estado.** São Paulo: Globo, 2008.
BARENDT, Eric et al. **Media Law: Text, Cases and Materials.** Harlow: Pearson,2014.
BELLOCQ. A. **O papel da Igreja na política à luz dos ensinamentos de Bento XVI.** P.81
BÍBLIA, N. T. João. Português. **Bíblia Sagrada.** Reed. Versão de Antonio Pereira de Figueiredo. São Paulo: Ed. das Américas, 1950. Cap. 12, vers. 12
BLANCO, P, S. La teología de Joseph Ratzinger. Una introducción, 2ª ed. Madrid: Palabra, 2011.
BOBBIO, N. **O Futuro da democracia.**
BOBBIO, N. **Democracia e segredo.** São Paulo: Unesp, 2015.
BOBBIO, Noberto. **Dicionário de política I.** 1. ed. rev. SP/Brasil: UnB, 1998. 674 p. v. 1.
COCCOLLINI, G. **Elementi teologico-politici del magistero di Benedetto XVI.**
COMBLIN.J. **O povo de Deus.** São Paulo: Paulus, 2002.
ESLAVA.E. **Poder, Justicia Y Paz. El Pensamiento Político de Joseph Ratzinger.** <https://dialnet.unirioja.es/servlet/articulo?codigo=3981204> Acesso em: 15, Fevereiro. 2023.
FAZIO, M. **Al César lo que es del César: Benedicto XVI y la libertad.** Madrid: 2012.
KELSEN, Hans. **Teoria geral do direito e do estado.** Tradução de João Batista Machado. São Paulo: Martins Fontes, 2003f.
<http://site.conpedi.org.br/publicacoes/olpbq8u9/u49i3q1v/9fW5P18gDeH1aMw5.pdf> Acesso em: 12, Dezembro. 2022.
LAGO, D. **Brasil polifônico; os evangélicos e a estrutura de poder.** São Paulo: Mundo Cristão, 2018.
MAIER. H. Democracia na Igreja: possibilidades e limites. P. 53

<https://dialnet.unirioja.es/servlet/articulo?codigo=8697526> 17, Novembro. 2022.- Revista de Direitos e Garantias Fundamentais, ISSN-e 2175-6058, Vol. 20, Nº. 2, 2019 (Ejemplar dedicado a: Revista de Direitos e Garantias Fundamentais), págs. 93-118

MAMEDE.B. **O pensamento político do Cardeal Joseph Ratzinger**. P.2

MANNION.G. **The Ratzinger reader**. P.133

MORENO, M. **O conceito de democracia em Hans Kelsen:** <http://www.biblioteca.pucminas.br/teses/Direito_LisboaMM_1.pdf> Acesso em: 21, Novembro. 2022.

NADER, P. **Filosofia do Direito**. 102. C:/Users/IgorC/Documents/Dissertação/Obras%20sobre%20democracia/Filosofia%20do%20Direito%20-%2025a%20edição%20-%20Paulo%20Nader.pdf

OLIVEIRA, A. **Os limites da liberdade de expressão**:<Dialnet-OsLimitesDaLiberdadeDeExpressao-8697526.pdf> Acesso em: 21, Novembro. 2022.

RATZINGER,J.**Caritas in veritate** <https://www.vatican.va/content/benedict-xvi/pt/encyclicals/documents/hf_ben-xvi_enc_20090629_caritas-in-veritate.html>. Acesso em: 9, Março. 2023.

RATZINGER. J. **Dialética da secularização: sobre a razão e religião**. São Paulo: Ideias e Letras,2007.

RATZIGNER. J. **Liberar a liberdade: fé e política no terceiro milênio. São Paulo: Paulus, 2019.**

RATZINGER, J. **Obras completas de Joseph Ratzinger. Predicadores de la Palabra y servidores de vuestra alegría**. Madrid. 2014 V.12. P.161

RATZINGER, J. **Europa seus fundamentos espirituais ontem, hoje e amanhã.**<https://repositorio.ucp.pt/bitstream/10400.14/24776/1/Europa%2C%20os%20seus%20fundamentos%20e spirituais%2C%20ontem%2C%20hoje%20e%20amanh%C3%A3.PDF>. Acesso em: 9, Março. 2023.

RATZINGER, Joseph. **Obras Completas de Joseph Ratzinger**. Predicadores de la Palabra y servidores de vuestra alegría, v. 12. Madrid: Biblioteca de autores Cristianos, 2014a, p. 161.

RATZINGER, J. **Palabra em la Iglesia**. Salamanca: Sígueme:1976. P. 163

RATZINGER. J. **Visita ao parlamento federal: Discurso Bento XVI**: Disponível em:<https://www.vatican.va/content/benedictvi/pt/speeches/2011/september/documents/hf_ben-xvi_spe_20110922_reichstag-berlin.html> Acesso em: 9, Março. 2023.

RATZINGER.J. **Natureza e missão da teologia**. Petrópolis: Vozes, 2012.

RATZINGER. J. **Democracia na Igreja: possibilidades e limites.**

RATZINGER, Joseph. **Compreender a Igreja hoje: vocação para a comunhão.** Petrópolis: Vozes,1992.

RATZINGER, J. **Cristianismo y Democracia Pluralista: Acerca de la necesidad que el mundo moderno tiene del Cristianismo.** Revista Scripta Theologica, v. 16, n. 3, p. 815-829, 1984.

RATZINGER.J. **Fé, verdade, tolerância: o cristianismo e as grandes religiões do mundo.**P.209

RATZINGER. J. **Caritas In Veritate.** 8 : <Caritas in veritate (29 de junho de 2009) | Bento XVI (vatican.va) > Acesso em: 12, Março. 2023.

RATZINGER. J. **Libertatis Conscientia: Sobre a liberdade cristã e libertação.** Disponívelem:<https://www.vatican.va/roman_curia/congregations/cfaith/documents/rc_con_cfaith_doc_19860322_freedom-liberation_po.html> Acesso em: 11, Março. 2023.

RATZINGER, J. **Deus e o mundo: a fé cristã explicada por Bento XVI: uma entrevista com Peter Seewald.** Coimbra. P. 375

SARTO. P. **O Papa Alemão.** Vol. 1. São Paulo: Molokai, 2019.

SARTO. P. La Teologia de Joseph Ratzinger. 2011

SARTORI, G. **A Teoria da democracia.** <28 SARTORI - A Teoria da Democracia Revisitada.pdf> Acesso em: 18, Novembro. 2022.

SEEWALD. P. **Bento XVI: a vida.** Vol. 1. São Paulo: Paulus, 2021.

SEEWAALD. P. **Bento XVI: o Último testamento.** São Paulo: Planeta, 2017.

SILVA. R. **Bento VXI: Liberdade, tolerância e diálogo.** Disponível em: <https://revista.fajopa.com/index.php/contemplacao/article/view/288/325> Acesso em: Dia, Mês. Ano.

TÔRRES, C, F. **O direito fundamental à liberdade e sua extensão.** :<https://www12.senado.leg.br/ril/edicoes/50/200/ril_v50_n200_p61.pdf> Acesso em: 21, Novembro. 2022.